圖解版

有趣到不想睡

# 壓力歸零法

立即見效！
精神科醫師為你完整解說壓力，秒懂如何化解壓力並擁抱壓力！

眠れなくなるほど面白い 図解 ストレスの話

精神科醫師/
YUU診所總院長
YUUKI YUU 監修
Kuri 譯

晨星出版

# 前言

正讀著這本書的你，是否積累了許多壓力呢？

身體和心靈都感到很疲累吧！

職場、學校、家庭等日常生活中潛藏著各式各樣的「壓力」來源，加上這一、兩年因新冠肺炎這個前所未有的感染症爆發，讓全世界的人們都承受了十足的壓力和疲憊感，而實際上到我診所求診的患者也新增不少，並且大多自訴有心理不適的症狀。

我想，應該有很多人常常會無意中提到「壓力」這個詞，但是，能清楚地說明壓力到底是什麼的人應該不多吧？

本書不僅介紹了壓力的本質和特性、對身心的影響和關聯，更從能夠不積存壓力的技巧、如何減輕壓力、再一路談到能巧妙控制壓力的方法……等一一向大家說明，如果能藉此機會加深讀者們對壓力的理解就太好了。

此外，透過本書，筆者其實最想傳達的意旨是「有壓力究竟是不是壞事？」

壓力是每個人都想盡快發散出去、想避得遠遠的東西，不會有人想要留存在體內的吧，再者，社會上早已深入人心的共識皆認為「壓力對身體不好」，首先，希望大家用第一章的「分辨正向及負面壓力的方法」來扭轉這個成見。

要生活在沒有壓力的環境裡幾乎是不可能的，但是，即使感受到了強烈的壓力也要留意不要繼續朝向負面不良的方向發展，應該積極正視，人生就會因此改變也說不定。

衷心期盼這本書能成為讀者們與壓力和平共處的契機。

精神科醫師
YUUKI YUU

# 目次

## 第2章　原因不明的身體不適是因為壓力？



## 第3章　消除人際關係中的痛苦壓力

## 第4章 對壓力的感受度男女有別

## 第5章 不輸給壓力的生活習慣

## 第6章 不積存壓力的生活方式

## 第1章

# 分辨正向壓力
# 及負面壓力的方法

# 何謂壓力？

## 在日常中受到刺激而導致的身心不適

我們平時總會無意說出「壓力」這個詞，那麼說起來，壓力指的到底是何種現象呢？壓力原本是說明「在單位面積上因所受之力而引起的物體變形」的工學術語，後衍生為將此種現象應用於描述人的身心，也就是在日常生活中受到被稱為「壓力源」（Stressor）的事件刺激，身心欲對抗而產生反應，此被稱為「壓力反應」，而這一系列機制即稱為「壓力」。

壓力源主要來自下列幾種：與戀人分手、失業、人際關係的糾葛、職場環境的變化等……從日常事件中受到的刺激稱為「生活環境壓力源」；遭受巨大災害、事故、事件等自身生命受到威脅的危機狀況、體驗過家人死亡等巨大衝擊的刺激，稱為「精神性壓力源」；另外，將在應對困難狀況時產生的煩惱、「該不會發生壞事吧」等事前否定的推測稱為「生物性壓力源」。

遇到這些壓力源時，我們必須先判斷這是否為自己能處理得宜的事情（認知評估，Cognitive appraisal）。接著，當感覺到這是超越自己應對能力的威脅時，身心不適＝壓力反應就會開始浮現，而壓力反應會以不安、緊張、情緒低落、心悸、頭痛、腹痛、憤怒爆發和食慾低落等形式顯現。

# 形成壓力的機制

## 壓力源

所謂的壓力源，指的就是從日常生活會產生壓力的各式各樣事情中遭受到刺激。

例

・生活環境壓力源

即遭受生活環境的刺激。與重要的人分離或喪失重要之物，與家人、職場、朋友之間的人際關係糾紛、環境的變化等。

・精神性壓力源

自然災害、戰爭、恐怖活動等社會不安、事件、事故等，為生命、生存帶來強烈衝擊的事件。

・生物性壓力源

即使並未實際經歷過，也會掛心「也許會……」、「如果……的話怎麼辦」等否定的推測。

## 認知評估／處理能力

認知評估是指對於壓力源的認知（判斷）究竟具備何種程度的威脅之心理活動。「如果感覺到這是超越自己應對能力的威脅」，就會產生被稱為壓力反應的症狀和行動。

改變認知就可以改變應對壓力的反應

## 壓力反應

長時間或受到強烈壓力源刺激的生理反應，表現為心理上、行動上、身體上的影響。

例

・心理反應

不安、煩躁、恐懼、緊張、憤怒、孤獨、無力等情感。專注困難、思考力低下、喪失短期記憶、判斷力及決定力不足等障礙。

・行動性反應

憤怒爆發、吵架等攻擊性的行動、哭泣、繭居、厭食、暴食、會有回避產生壓力場合的行為等。

・身體上的反應

心悸、異常發熱、頭痛、腹痛、疲勞感、食慾減退、嘔吐、腹瀉、睡眠障礙等全身症狀。

參考來源：文部科學省「歡迎光臨CLARINET」網站

# 抗壓性強與抗壓性弱的人有何差別？

## 抗壓性由遺傳、性格及環境所決定

壓力反應是為了保護自己不受壓力這種危險侵擾而誘發的自然生物反應。但是，當發生大災難時，即使很多人面對的是同一壓力源，也並非所有人都會產生同樣的壓力反應，狀況因人而異，有人很激烈、也有人很溫和。反應越強烈的人越不擅長抗壓，越是穩重的人則抗壓性越高。

為什麼會有抗壓性程度強弱之分呢？如前所述，對壓力源的認知評估有所不同，面對事物常感到威脅的人抗壓性弱，反之，將其當作成長契機的人則抗壓性強。

並且，也有遺傳、性格、環境等的影響。家人曾是憂鬱症患者，遺傳上則有抗壓能力弱的傾向；性格較真、完美主義型、總是獨自承擔所有事情的人同樣抗壓性弱，這類型的人能商量的對象很少，加上無法獲取其他人的意見和反應，因而無法客觀地看待事物，會很容易被逼到絕境。

另外，非自願性質的工作與擔任擁有自由裁量、決策工作職位的人相較，壓力程度也大不相同。

## 抗壓性強/抗壓性弱之人

### 抗壓性強

特徵

- 把任何挑戰都當成機會
- 不會一味追求完美
- 能夠表達自己的想法
- 能夠根據自己的判斷執行工作

### 抗壓性弱

特徵

- 容易將事件視為威脅
- 認真、完美主義
- 自尊心強
- 不擅長表達自我主張
- 常感覺工作「是被迫的」

# 有壓力＝壞事，其實是誤解

## 壓力並不會引起疾病

壓力乍看之下，對我們來說似乎盡是缺點，且雖說因人而異，壓力也確實會引起各種各樣的不適和異常症狀，因此會以「糟透了」的角度來看待也是可以理解的。但是，壓力對人的身心百分之百無益，這是個很大的誤解，它反而可視為是很棒的動力。

那為什麼壓力會被我們當成敵人呢？理由是生理學者漢斯．塞利（Hans Selye）進行的一個實驗。他將老鼠曝曬在冷熱交替、充滿噪音的嚴酷環境中，並特地讓老鼠過度活動，持續受到強烈痛苦對待的結果是老鼠因而病死，塞利認為這個結果也適用於人。

雖說人類和老鼠的體型差異頗大，來自壓力源所受到的刺激強度應該也不同，但是，塞利卻發表「若感受到壓力，人類和老鼠一樣有患病之可能」的研究結果。一直到再經過多次的反覆研究後，才真正地明確了關於壓力和人際關係的內在原由，而塞利也跟著修正其觀念，認為「對人來說壓力未必盡是壞處」，但是當時的誤解並沒有因此被解開，「壓力真可怕」的認識至今仍根深蒂固。

## 讓「壓力＝壞事」此一誤解產生的老鼠實驗

酷暑
極寒
噪音
不休止地活動
切開脊髓

生理學者塞利進行了將老鼠放置在嚴酷環境中的實驗。

↓

結果所有的老鼠都病死了。

↓

塞利將產生痛苦的行為稱為「壓力」，並表示「對人類而言，壓力也同樣是很大的威脅」。

↑ 然而，最終他修正了原先的理論

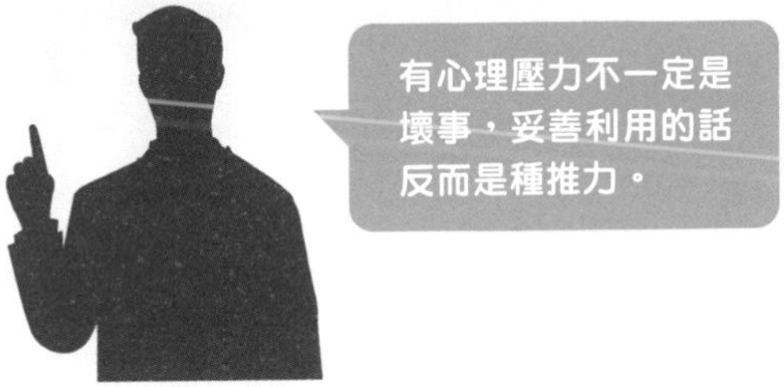
有心理壓力不一定是壞事，妥善利用的話反而是種推力。

# 根據看待壓力的方式不同，也能影響死亡風險

## 視「壓力為敵手」的人通常健康風險較高

1998年美國史丹福大學公布了證明「壓力並非壞事」的調查結果，他們以壓力和死亡風險之間的關聯進行調查，回答「壓力超大」的人之死亡風險高達43%。有趣的是，回答「壓力超大」的同時，也回答「壓力對身體並非不好」的人之死亡風險反而降低。

根據心理學家克魯姆（Alia Crum）的調查，認為「壓力是好夥伴」的人，比起其他人擁有更高的人生滿足度。在2014年哈佛大學公共衛生研究所進行的研究中，51%的企業CEO、副社長等的社會成功人士皆認為「壓力是有益的」。

這些調查結果顯示，根據想法不同，承受壓力帶來的影響也會發生變化。持否定態度的人更容易被壓力的負面效應浸染，生病或死亡的風險較高，而持肯定態度的人則不容易被影響，對心理和身體的疾病也具備很強的抵抗力。我們須知道的是，並不是壓力本身不好，正是因為有「壓力是不好的」這種想法，我們的健康風險才跟著提升。

## 了解你是怎麼看待壓力的測試

1 有壓力會對健康造成……
- Ⓐ 負面效應
- Ⓑ 正面效應

2 有壓力會讓工作或學習……
- Ⓐ 效率低落
- Ⓑ 效率提升

3 有壓力會對成長……
- Ⓐ 抑制
- Ⓑ 反而有好的效果

4 有壓力時……
- Ⓐ 應該儘量避免……
- Ⓑ 應該積極利用……

**勾選A越多的表示壓力越大**
**勾選B越多的表示認為適度壓力是好的**

## 根據想法不同，死亡風險也會變化

壓力山大的人

認為壓力對身體沒有壞處的人

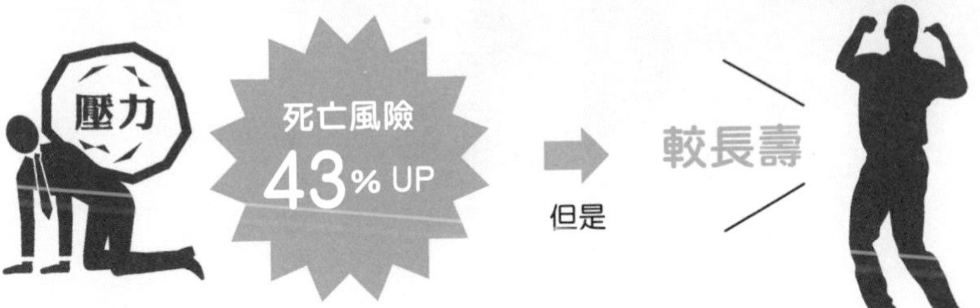


即使壓力超大，卻認為「壓力對身體沒有壞處」的人，死亡風險也很低！

# 將壓力轉化成力量的訣竅

## 不去否定緊張和不安能帶來好的結果

須冷靜地面對一決勝負的重要局面時，一流運動員們總能緊緊抓住關鍵時機，經常被期待著奪牌的他們，都是如何面對壓力的呢？

紐奧良大學進行了一場研究，分別調查了潛水初學者及老手們於跳傘時的心跳拍數，原先預期初學者會有較快的心跳速度，但實際上是老練的潛水員們的心跳數更快、更緊張，此外，他們興奮和喜悅的情緒也跟著飆高許多。

另外，哈佛商學院的愛麗森．伍德．布魯克斯（Alison wood brook）教授將演講參加者分為兩個小組進行指導，分別是：「不緊張，很冷靜」／「很緊張，但很興奮」。比起前者，後一小組更有自信地發表了具說服力的演講。除此之外，羅徹斯特大學的研究也顯示，只要想著：「不安和緊張不代表失敗，而能促進成功」考試成績也會因此提升。

專業運動員之所以能在關鍵時刻奪勝，是因為先認同自己正處於緊張狀態，再藉由緊張讓自己振奮起來。不要害怕壓力，盡情享受是很重要的。

## 專業人士和初學者在正式比賽之前的差異

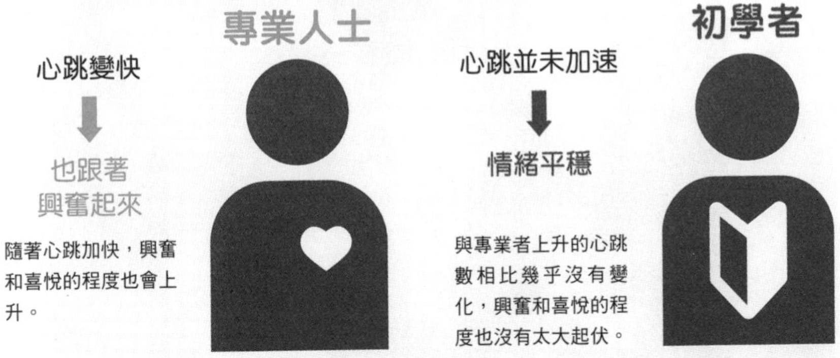
專業人士
心跳變快
也跟著興奮起來
隨著心跳加快，興奮和喜悅的程度也會上升。
初學者
心跳並未加速
情緒平穩
與專業者上升的心跳數相比幾乎沒有變化，興奮和喜悅的程度也沒有太大起伏。

## 在緊張不已的場合換個思考模式

不可以逃避
我要冷靜！
好興奮喔
既期待又雀躍
換個說法

緊張的時候不要否定這種心情，重要的是正面接受「緊張狀態」。

把「我很緊張」換成「我很興奮」、「覺得好刺激喔」、「充滿期待」，狀態就會變得積極起來。

# 要注意威脅到健康及日常的壓力

## 壓力導致的傷害不會有任何好處

要想讓壓力成為自己的夥伴，最重要的是先要了解「對身心有益的壓力」。然而，發生在自己身上的所有困難不一定都是好的壓力，壓力其實有利也有弊，此外，它與造成「實際傷害」是完全不同的，即使承受壓力，也要保護自己不受到實質傷害。

前述所說的傷害指的是肉體上、經濟上及社會性創傷。以黑心企業為例，如果因為常加班及休息日連續出勤工作而不能好好休息的話，就會因生病而造成肉體上的傷害，也可能因領著最低限度且不符工時的低薪而造成經濟損害，甚至若因此拖欠房租或欠債的話，更會對人生形成重擊。這些實際傷害無論怎麼積極處理都無法轉化為正面，只能迴避並把損害限制在最小範圍內。

從會對心靈造成傷害的角度來看，若想著「這個經歷是有益的」，就可以將傷害轉化為正面效應，雖然儘早從黑心企業的實際摧殘中逃脫出來是十分必要的，但在那裡承受的壓力會是開拓新道路的原動力。

感受到壓力的時候，首先請好好看清是否會產生實際危害，不會的話就積極接受，並作為強化內心的能量來運用吧！

## 會帶來實際危害的壓力須避免

壓力 → 心靈的損傷

實際危害 → 肉體上、經濟上、社會性的損害

壓力和會產生實際危害是兩回事，應該將實際危害控制在最小限度。

例如：黑心企業
實際危害
勞動條件
極為嚴苛
造成身體傷害
造成經濟受損
壓力
心靈傷害

## 要小心長期積累壓力

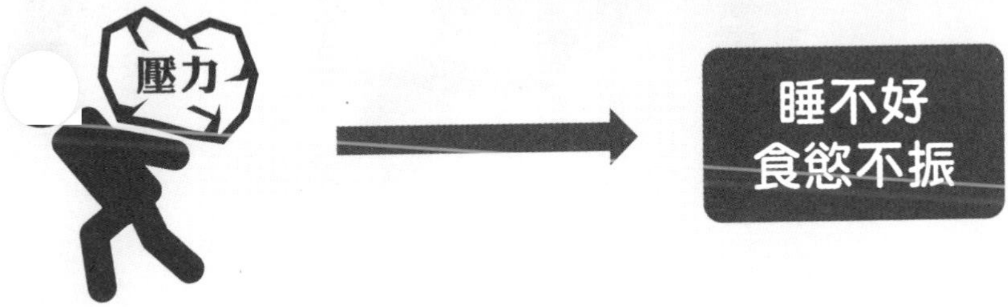
壓力
睡不好
食慾不振

# 痛苦的事光靠氣勢是無法克服的

## 只靠鼓足幹勁，反而會更感到痛苦

積極接受壓力是很重要的，但若僅是想單靠鼓足幹勁來克服感到痛苦的事，會越來越討厭發生在自己身上的這些鳥事，這在心理學上稱為「通過生理覺醒來強化優勢反應」。具體而言，早上會一邊想著「真不想去工作……」、一邊啪嗒啪嗒地拍著自己的臉頰並鼓起幹勁地說：「加油！」（生理性覺醒），於是，與「加油吧！」的心情相反，更為強烈的「不想工作」情緒會更占上風（優勢反應的強化）。

這種心理傾向在週一特別明顯，自殺事件多發生在星期一，來醫院報到的身心科初診患者人數也是週一較多。假期結束後的星期一無論如何都得上班、上學，因此越是認真的人越是會鼓起幹勁努力，但這樣反而徒增壓力，破壞心靈平衡。

即使感到煎熬，也要避免陷入「真提不起幹勁」、「只好心隨境轉了」的情緒裡，此時建議大家運用「總之」這個關鍵詞，「總之先出門吧」、「總之先去公司附近看看吧」等，乾脆試著降低自己給自己設的課題難度，改用一步一步地完成小步驟的方式來進行，心情會變得輕鬆，也會有克服痛苦的自信。

## 壓力是不能單靠鼓足幹勁就解決的

得洗衣服了啊

↓

但好麻煩喔

「不想做」的心情占上風

若鼓足幹勁，反而會更感到「真麻煩」

想去露營

↓

但有工作在身

「好想去」的心情占上風

若鼓足幹勁，反而會「更想去」

**提起勁來的話，**
**占優位那一方的心情就會增強！**

## 關鍵詞是「總之……」

**其他還有：**

「不想去上學……。總之先出門吧」

「真不想工作……。總之電腦先開機吧」

「真不想念書……。總之先翻開課本吧」

**總之先從能做的開始做起**

# 感受到壓力的話，對身體也能產生積極效應

## 「挑戰反應」和「關懷反應」

「壓力有益」並非只是單純的感受，人類面對壓力時所表現出的某種反應證明了這一點。

1915年，哈佛大學的生理學者沃爾特·布拉德福·坎農（Walter B. Cannon）發表了對貓咪施加壓力後牠們會「戰鬥」或「逃跑」的相關研究，從那時起，大家皆認為人類和貓一樣，一旦有壓力就會表現出「戰鬥／逃跑」反應，但實際上人類會有著兩種與之完全不同的表現。

第一種是「挑戰反應」，人一旦面臨壓力就會吸收困難的能量而湧現克服難關的心情，美國的戴維斯博士也一直提倡只有在承受強烈壓力的時候才能獲得巨大的「反彈效應」（Rebound effect）。第二種是「關懷反應」，和喜歡的人彼此相愛或是女性哺乳時，都會分泌一種叫做「催產素」的荷爾蒙，也被稱為「幸福荷爾蒙」的催產素有著能刺激「想和人交流往來」心情的作用，此種荷爾蒙在面對壓力時也會分泌，是人與人營造關係的原動力。

只有人類才能像這樣積極地對壓力產生反應，所以我們應該更正面地接受它。

## 「戰鬥/逃走反應」不適用於人類身上

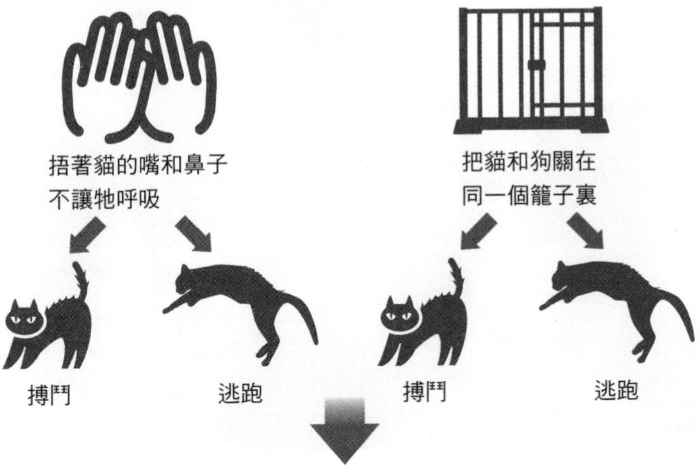
摀著貓的嘴和鼻子
不讓牠呼吸
把貓和狗關在
同一個籠子裏
搏鬥
逃跑
搏鬥
逃跑

此結論無法套用在人類身上

「突然無法呼吸」、「和可怕的敵人被關在同一個牢籠裏」等壓力與人類日常生活中感受到的壓力不能等同，所以此一實驗結果不適用於人類。

## 人類會出現兩種壓力反應

人一旦感受到壓力，就會出現「挑戰反應」和「關懷反應」此兩種相異狀態

### ❶ 挑戰反應

承擔壓力時，想反動的挑戰心情油然而生。

### ❷ 關懷反應

感受到壓力時，就會產生「尋求和他人互動交流」的情緒。

專欄

# 抗壓性的強弱根據教養方式不同，也會有所變化?!

抗壓性強或弱與成長環境有很大的關聯。若周圍的人認同「你的價值」，即使在痛苦的情況下也會相信自己的價值，因而不會輕易被壓力擊垮。相反地，常被規定「必須這樣、那樣做」的人則會很難建立自我價值，容易因一點小事就喪失自信。

要培養孩子認可自我價值，「誇獎」很重要，話雖如此，並不是說什麼事情都可以拿來表揚。比如說「你真聰明」之類的，只誇獎那個人的「才能」和「天賦」是不行的，這會導致為了追求「聰明的自己」此一價值，即使成績只是稍微下降，也會馬上失去自信，成為否定自己的人。

誇獎的時候要讚美他的「努力」和「行動」，因為可以從「自己做過的事情」中發現價值，即使失敗了，也會有「下次再多加嘗試」這樣的自信，成為積極向上的人。

第2章

# 原因不明的身體不適是因為壓力？

# 上、下班時容易腸胃不適的原因

## 壓力引起的過敏性腸炎

你是不是在上班途中或是重要會議前，常有肚子突然痛了起來的困擾呢？去醫院做了腸胃檢查，雖然沒有發現異常，然而這種症狀仍長期反復出現的話，可能是心因性的。

身體上或精神上的壓力和緊張會影響腸道蠕動，引起肚子不舒服，這稱為「腸躁症候群」(Irritable Bowel Syndrome，簡稱ＩＢＳ)。

ＩＢＳ分為因慢性腹瀉和腹痛而一天內多次通便的「腹瀉型」、因慢性便祕而在排便時伴隨疼痛的「便祕型」、反覆腹瀉和便祕的「交替型」等此三種類型。據推測，約占有一成比例的日本人有此症狀，男性多為腹瀉型，女性多為便祕型。容易受影響的人其特徵除了認真、性格內向、承擔重大責任的壯年一代之外，也常見20多歲的年輕女性。

若患有ＩＢＳ，由於頻繁的便意和腹部的不適感，導致工作和學習無法集中精神，生活品質也會下降許多。另外，對廁所的不安感甚至會造成更大的壓力，每當出現緊張的情況時，症狀就會反覆出現，陷入惡性循環。

關於治療方法，可服用抑制不安、緊張以及穩定腸道運動的藥；此外，心理療法也具有相同療效；而不再過著暴飲暴食和不規則的生活，緩解身體壓力也是症狀改善的不二法門。

# 壯年期及年輕女性，患有「腸躁症候群」的比例很高

「腸躁症候群」是指儘管沒有內科疾病，
但是一個月會出現3次以上的腹痛、腹瀉、便祕等症狀。
大多是源於壓力和緊張，其中年輕女性和壯年期的人占多數。

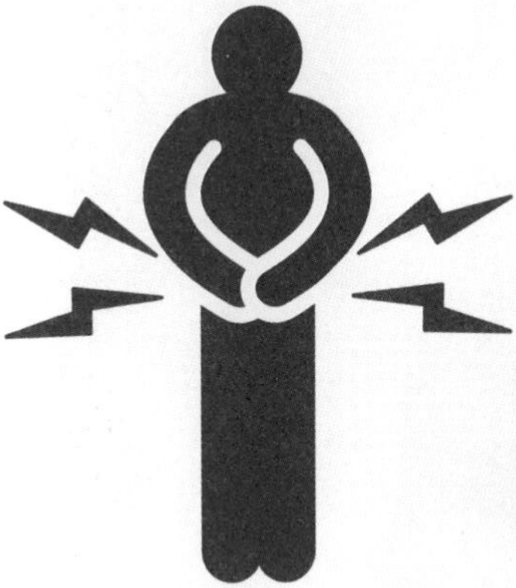

**腹瀉型**

- 由於慢性腹瀉，有腹痛和腹部的不適感
- 一天跑好幾次廁所
- 男性較容易有此症狀

**便祕型**

- 由於慢性便祕，有腹痛和腹部的不適感
- 排便時腹部疼痛頻繁
- 女性較容易有此症狀

## 容易引發症狀的場合

在緊張的場合特別容易出現症狀。腹瀉型多在上班前或搭電車時出現症狀。

工作中

面試時

上課時

通勤時

## 容易受影響的類型

據說認真、內向或是情緒不穩定的人……等容易罹患此種病症。

有憂鬱傾向的人

20-29歲的年輕女性、正值壯年期的人

懦弱、性格內向的人

認真型

# 消除莫名不安的簡單方法

## 透過想像愛情距離來消除不安

很多人似乎常會沒來由地感到不安，對於不知道會發生什麼的將來以及自己無法控制的事情，的確有許多人會因此焦躁不定。特別是這一、兩年新冠病毒的感染擴大，對於未知事物的惶恐與日俱增，「可能會被傳染」、「染疫的話能治得好嗎」、「或許工作就這麼沒了」……等，像這樣對於不確定的明天感到憂慮，以致心情低落的人應該也不在少數吧。

有一種方法可以輕鬆地消除這種忐忑的心情，那就是清楚畫出在自己身邊不安/安心的分界線，首先，請想像一下自己周圍有10公分左右的保護罩，再從這裡開始緩緩地伸出雙手，擴大到上下左右所能及的範圍。

這個範圍是自己可以隨意控制的範圍，是只有家人、戀人等你感到安心的人才能進入的區域，這在心理學上稱為「愛情距離」。如果能意識到愛情距離，能夠營造出自己的周圍洋溢著一種踏實感，所以有助於平靜心情，消除莫名的煩躁恐懼。

若是這麼做還是持續如坐針氈的狀態，恐怕不安症狀會更為惡化，建議前往身心科等醫療院所諮詢。

## 為什麼會誘發焦躁感？

不幸消息

因新冠病毒而死亡的……

明天我可能也會染疫……

可能會發生什麼超出自己預想的事，人們就會感到不安。

## 消除不安的方法

① 動動雙手

② 伸展雙臂

③ 創造出護衛自己的隱形防護罩

想像一下自己可以隨心所欲、在不會發生意料之外的事情的空間裏被保護著的話，忐忑莫名的狀態就會有所緩和。

# 明明很累卻怎麼也睡不著？

## 年齡增長及壓力都會降低睡眠品質

明明很累卻怎麼也睡不著，常在半夜和淩晨就醒了……，這些睡眠的煩惱被稱為「失眠」和「睡眠障礙」。

我們在睡覺的時候，週期性地重複著「快速動眼睡眠」（Rapid eye movement, REM）和「非快速動眼睡眠」（Non-rapid eye movement, NREM）這兩種，大腦醒著但身體睡著的狀態屬於「快速動眼睡眠」，大腦處於深度睡眠狀態則是「非快速動眼睡眠」。非快速眼動睡眠的深度分為4個階段，根據年齡的增長一般均會停在第2～3個階段，因此上了年紀後睡眠就會變淺。

另外，年輕人若有壓力和掛心之事，「非快速動眼睡眠」就很難加深，而表現出失眠的症狀。

睡眠障礙如果演變成慢性症狀的話，不僅集中力和判斷力會下降，也會因為免疫機能降低而容易生病和感染，並且，體內抑制食慾的瘦蛋白（Leptin）這一荷爾蒙的分泌會受到抑制，也會因此導致肥胖。

要克服這種盡是缺點的睡眠障礙，改善睡眠環境是必行的，關掉就寢臥室的燈，不要滑手機和看電視，另外，在身心科也能配合失眠類型開藥治療，但最重要的是減輕壓力，即使睡不著也不要太在意，若只能靜靜地闔眼躺著，也能讓大腦獲得休息。

## 失眠有兩種類型

壓力大到睡不著的人
有很多是這種類型

過早醒來
天才剛亮就醒了。

入睡困難
上床半小時到一小時後還是睡不著。

## 沒有因失眠而患病的統計數據

由於失眠，會出現發呆、打瞌睡等對社會生活造成影響的情況，
但並未有資料顯示因為睡不著，就和癌症、糖尿病等重大身體疾病有直接相關。

✕ 失眠＝會生病

↓

不要胡思亂想才是正確做法

無相關數據

# 夏季及冬季容易憂鬱?!

## 只有在特定時期才發作的季節型情感障礙症

有人只在一年中的某個時期因情緒委靡而變得消極，這是一種稱為「季節型情感障礙症」（Seasonal Affective Disorder，SAD）的心理疾病，別名「季節性憂鬱」，代表性的有「夏季憂鬱」和「冬季憂鬱」。夏季憂鬱出現於5～9月左右，主要症狀是食慾不振和失眠，雖然和夏季倦怠症很相似，但是可以根據心情的低落程度來區分。而冬季憂鬱則好發於10月～3月左右，與夏季憂鬱相比，食慾因而大增且有經常睡過頭的傾向為其特徵。

為什麼在夏天和冬天會容易引發季節性憂鬱呢？首先是因為在夏天和冬天剛換季的初期，身體不習慣暑熱和寒冷，氣候的突然變化會形成壓力源而導致心理不適。另外，冬季憂鬱是因冬天日照時間變短導致生理時鐘紊亂，有一種針對冬季憂鬱症的照射療法能夠有效治療，透過定量時間沐浴在接近日光亮度的光線下，使調整生理時鐘的褪黑激素的作用正常化，能夠有效改善抑鬱。

若非患有前述症狀，但也不擅長早起、過著不規律生活的人，仍容易感到孤獨、產生抑鬱的情緒，白天早點起床，充分沐浴陽光，有助於改善晚上的睡眠狀態和振奮心情。

## 季節性憂鬱的兩種代表性模式

**夏季憂鬱**

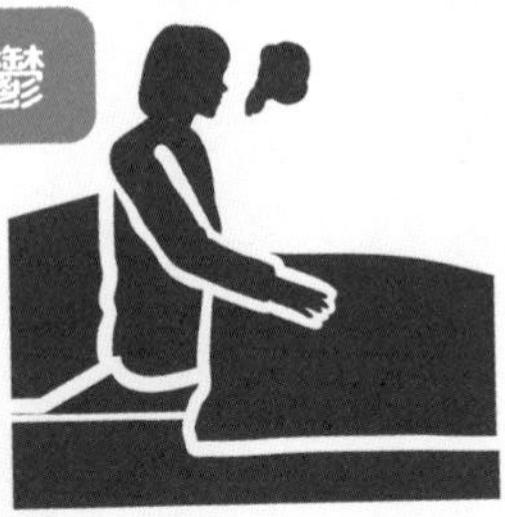

5～9月左右出現

- 食慾低下
- 失眠

**冬季憂鬱**

10～3月左右出現

- 食慾大增
- 睡太多

## 3～5月自殺者眾

根據警察廳的令和元年統計數據，3～5月自殺的人數遽增。據說，「轉折點」常左右人的生死，在日本，由於4月分的入學、就職等新階段前後以及五月病等的影響，3～5月自殺者增加不少。

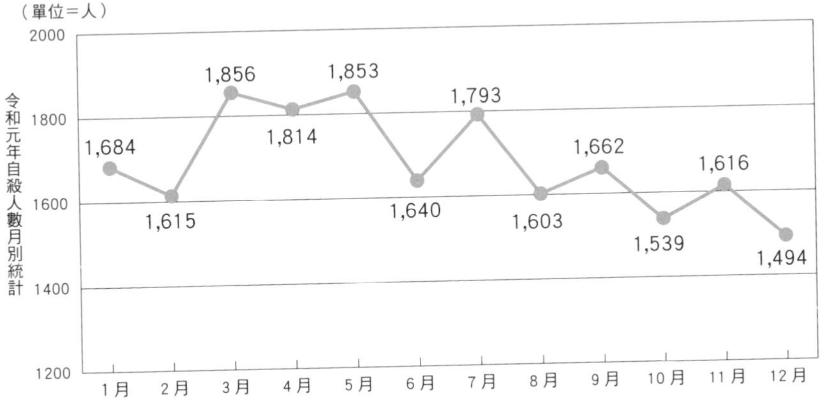


出處：根據警察廳《令和元年自殺情況》製表

# 暴飲暴食的減壓效果只有20分鐘

## 口腹之欲成為暴飲暴食和嘴饞的原因

疲累或者焦躁不安的時候，就想盡情地吃喜歡的食物來發洩，也會有很多人正值工作及學習時間，即使不怎麼餓也會因為嘴饞而忍不住伸手拿東西吃，像這樣感受到壓力上身時，常會因「口腹之欲」高漲而不想讓嘴巴空著。嬰兒不僅肚子餓時、也會在不安時吸吮媽媽的乳汁來獲得安心感。同樣地，大人在累了或者憂慮的時候，也會想吃零食、嚼口香糖，或者抽烟、咬指甲等行為來滿足口腹欲求，以尋求消除壓力。

話雖如此，吃了之後心情會變好其實只是一時的。有一項研究表明，吃完零食的20分鐘左右，幹勁和幸福感會提高，但當時間一過，比起吃東西之前，心情反而會更低落，回到充滿壓力的狀態。也就是說，無論怎麼吃都無法消除壓力，不僅如此，還會導致體重增加，甚至會帶來更多餘的壓力也說不定。

若能意識到自己出現情緒性飲食的狀態，就告訴自己：「多吃也沒意義」嘴饞是因為內心空虛寂寞，透過輕鬆地和親近的人聊天來抒發自己情緒才是解決之道。

## 想透過進食消除壓力只能撐20分鐘

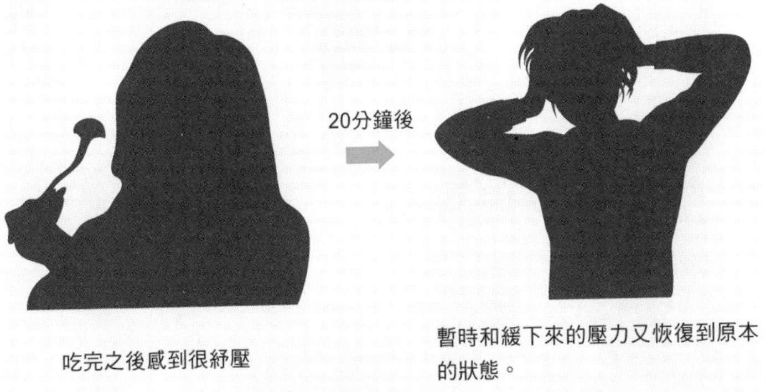
20分鐘後
吃完之後感到很紓壓
暫時和緩下來的壓力又恢復到原本的狀態。

如果意識到「即使吃了也無法發洩壓力」，
也許可以抑制壓力造成的瞎吃。

## 透過嘗試做其他事情來填滿內心

想要大吃特吃時，就找人聊天或講電話。
發訊息、開始做有興趣的事……等來滿足空虛感是很重要的。
在社群網站和部落格上寫減肥日記也很有效。

將減肥日記
PO上社群網站
專心致志於
自己有興趣的事
找人聊天
SNS

# 壓力引起的喉嚨不適感

## 從產生的症狀移轉意識到其他事物上是有效果的

很多人應該曾有過不明原因引起的喉嚨不適感而去看身心內科的經驗吧，但即使在醫院詳細檢查也沒有發現什麼異常，喉嚨周圍仍持續卡卡的，這就是典型的臆球症（Globus hystericus）症狀。所謂臆球症，正如文字所示，是指喉嚨和鼻子裏塞滿了球的感覺，有種不協調感。雖然明確造成此症狀的機制仍不清楚，但主要是由於不安和緊張等精神壓力而出現這樣的症狀。除了臆球症之外，胸口、腹部、頭等部位也會有疼痛感，全身上下也常常感到不適，症狀也會表現在各種不同部位。總而言之，在醫院檢查後並未發現任何異常的情況下，便可認定是由壓力所引起的「疑病症」（Hypochondriasis）。

若很介意前述症狀，需要的其實不是身體治療，而是為了緩解壓力應採取的對策，例如：增加和其他人聊天或寫日記的時間、根據實際狀況接受心理諮商、發洩煩惱和內心的鬱悶……等，而最有效的方法是「轉移意識」，因為越意識就會越在意這些症狀，平時應該讓自己投入運動和興趣愛好之中，或一邊吃喜歡的食物、一邊將自己的意識從喉嚨、頭、腹部等出現症狀的部位強制轉移，都會是有效的手段。

## 臆球症是什麼樣的病？

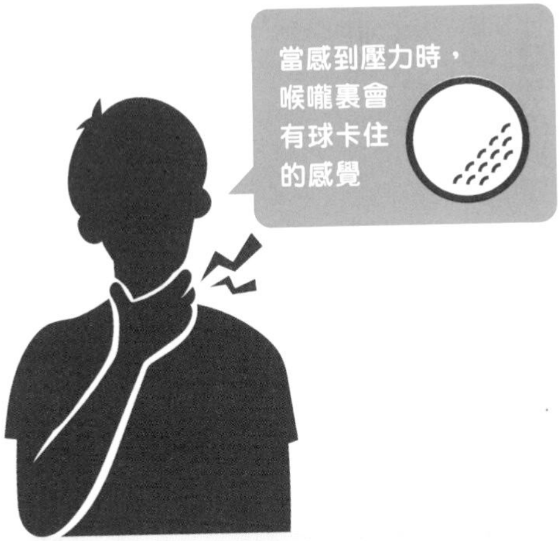
當感到壓力時，
喉嚨裏會
有球卡住
的感覺

所謂臆球症，就像是喉嚨和鼻子深處塞滿了球的感覺，十分不適，但實際上並沒有任何東西堵塞，很難被診斷出來。

即使到醫院檢查

沒發現哪裡
有異常喔
感覺喉嚨裡塞了
顆球……

## 「轉移意識」會是速效的改善對策

做做運動

吃東西

症狀出現的時候，運動或吃點什麼東西，將注意力從喉嚨轉移到其他地方，並且有意識地重複這些步驟。

# 憂鬱症、恐慌症等發生的理由

## 認為壓力無益的人，內心容易崩潰！

在這本書的一開頭就說明了「壓力並不是什麼萬惡之事」，但是，仍有不少人將壓力視為宿敵，那麼，如果總這樣思考的人積攢了壓力，會對身心產生什麼樣的影響呢？如果不能適切地減輕壓力的話，內心承受力就會迎來極限，有可能會發展成「憂鬱症」、「適應疾患」（Adjustment disorder）、「恐慌症」等心理疾病。

「憂鬱症」是以情緒低落、什麼事都提不起勁、食欲不振、失眠等症狀表現的一種疾病，以工作和職場的人際關係為起因的占有八成比例，當症狀嚴重時，可能連早上都起不了床，想過著正常的社會生活變得困難。

用更廣泛的概念來看，相較於情緒低落的憂鬱症，難以適應社會的疾病則稱為「適應疾患」，因為不安、緊張、焦躁等情緒萌發而無法適應周遭環境是其特徵。

「恐慌症」是透過壓力和緊張觸發，引起心悸和氣喘等恐慌發作的疾病，相較於男性，女性更常見有此症狀。

當感到心很累、快到極限的時候，食欲會下降、睡眠會變淺，無法好好享受自己愛好的活動，一想到工作就會不安……等，一旦出現這些徵兆並注意到這些警訊時，應該盡量休息、採取釋放壓力等預防措施。

# 因積累過多壓力而引起的心理疾病

## 憂鬱症

腦內傳達物質的平衡崩壞所引起的「內因型憂鬱症」（Eendogenous depression）和工作、人際關係等壓力所引起的「心因性憂鬱症」。

特徵

・食慾低下　・失眠　・毫無幹勁

## 適應疾患

主因壓力而導致難以適應社會，雖然和憂鬱症相似，但是相對於憂鬱症的「心情沮喪」，其主要症狀為「無法適應生活」。

特徵

・煩躁　・過度不安　・過度緊張感

## 恐慌症

壓力和緊張等症狀會突然發生，對於「如果又發作了怎麼辦」感到過度不安的「預期不安」會持續1個月以上。

特徵

・心悸　・氣喘　・出汗　・胸部不適　・預期不安

# 容易將人誤判為廢柴的「新型憂鬱症」

## 和典型症狀不同的是心情的明顯起伏

與以往的憂鬱症不同，患有「新型憂鬱症」的人正在增加，憂鬱症的典型症狀為情緒持續低落、在任何場合都提不起勁，但是，新型憂鬱症常伴隨情緒反應（Mood reactivity），可以看出心情的沉浮。例如，雖然無法正常工作，但是能專注於喜歡和開心的事情，一出現討厭的人事物時情緒會急劇低落、遇到開心的事情則立馬開展笑顏，這類型的憂鬱症統稱為「新型憂鬱症」。

雖說與典型憂鬱相比症狀較輕，但新型憂鬱症也會表現出食欲和睡眠方面的不適，特別是容易有睡太多的煩惱，甚至很多人即使睡眠時間拉長也覺得睡眠不足、感到疲倦，另外，也由於不常感到情緒低落，本人其實很難察覺自己的病情，因為各種各樣的不適而無法意識到是因為生病，而陷入「自己是個廢柴」和自我厭惡的境地。由於這類型患者常看起來很有元氣，所以容易被周圍的人誤解為只是單純愛耍任性，無法獲得理解而痛苦地生活著。

容易罹患新型憂鬱症的主要原因，除了遺傳因素之外，還有會很輕易地就對各式各樣的事情過於敏感的性格，以及在工作和人際關係上處於壓力大的環境……等。

## 新型憂鬱症和典型憂鬱症的差異

### 新型憂鬱症

願意做讓自己感到快樂的事，討厭的事則不想碰。

### 典型憂鬱症

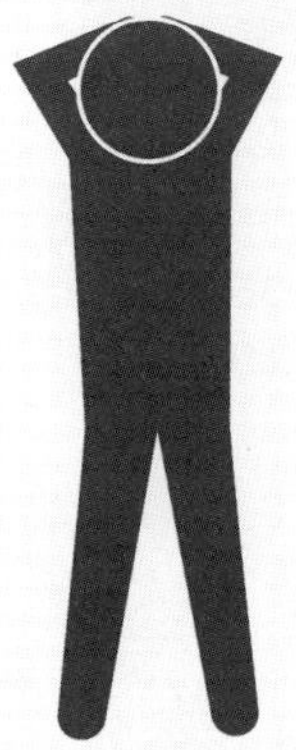

對於工作、日常生活、遊樂等事都提不起勁。

## 容易罹患新型憂鬱症的因素

### 遺傳因素

家族中有多人罹患憂鬱症。

### 環境因素

和合不來的上司一起工作等，因為工作環境、朋友關係而處在壓力大的環境中。

### 性格因素

「對各種各樣的事物過於敏感」的性格。

# 「自律神經失調」和「憂鬱症」要如何區別？

**實際上，自律神經失調症這種病是不存在的**

你曾經有因身體狀況不好到醫院就診，而被醫生診斷為「自律神經失調」的經驗嗎？其實自律神經失調不是正式的疾病名稱。由於自律神經的運作混亂而產生的不適，本來就相當於「憂鬱症」、「恐慌症」、「適應疾患」等精神疾病，但是，在難以命名這些病名或難以向本人說明的情況下，才使用了自律神經失調症這個名稱。

原本「自律神經」是指與自主意志無關而運作的神經系統，在我們體內，「交感神經」和「副交感神經」兩種不同作用的自律神經會相互平衡地調節，承擔著呼吸、血液循環、體溫調節和消化等身體機能的調整。但是，若因為壓力的影響而導致自律神經的平衡被打亂的話，身體機能的調理也會變得不順利，如內臟器官的運作……等的全身機能下降，表現出各式各樣的不適。例如，憂鬱症會表現出食欲不振、睡眠障礙等症狀，這些都是由自律神經紊亂引起的。

故此，治療時最重要的是要先確認有無擾亂自律神經運作的精神疾病。如果確定了疾病起因，在控制壓力的同時，也需進行藥物治療和採取心理諮商等適當的醫治措施。

## 什麼是自律神經？

自律神經分為「交感神經」和「副交感神經」兩種，
相互保持平衡以調節身體狀態。

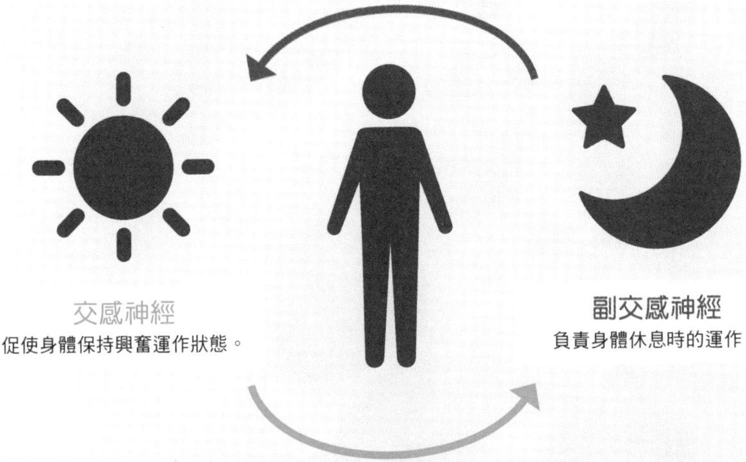
交感神經
促使身體保持興奮運作狀態。
副交感神經
負責身體休息時的運作。

## 自律神經失調

由於不規則的生活和壓力的刺激……等，
而導致交感神經和副交感神經的平衡崩潰的話，就會出現各種症狀。

疲倦、無法消除疲勞。

腹瀉或便祕。

不冷的天氣卻覺得冷。

專欄

## 這類疲勞的原因不是肉體，而是大腦！

在努力工作和學習之後，有時會不由自主地說出「好累啊～～」，但是會有這樣的沉重感實際上並非來自肉體的疲勞。專研疲勞的內科醫生梶本修身先生說：「只要不是持續深蹲等劇烈運動，人的肌肉其實不會那麼容易受到損傷。」也就是說，工作、學習、輕運動等日常動作對身體幾乎沒有影響。當然，因為太忙，睡眠時間變短、飲食生活混亂等可能會因為這些次要因素而搞壞身體，不過，單純地努力工作和學習並不會直接對身體造成傷害。

儘管如此，我們為什麼總感到疲憊呢？那是因為「腦疲勞」的關係。若長時間持續工作和學習等相同類型的工作時，腦中會積累疲勞物質，使得我們開始變得心不在焉，就會感覺連身體都累了。當感到疲倦時，就讓自己休息或睡覺，促使大腦重新開機吧！

工作、學習、輕運動→不會造成身體負擔

# 第3章

# 消除人際關係中的痛苦壓力

# 最好不要和非自己所屬的朋友圈交流聯繫

## 若界線密度大，人際關係就會喘不過氣來

學生時代的朋友、公司的同期、媽媽之友……等，我想，在你的人際關係中應該有隸屬於某幾個團體。這些團體之間的交往程度在心理學上被稱為「界線密度」（Boundary density）。比如學生時代的朋友群和公司的同期們是透過你而頻繁地進行交流的話，這就稱為高界線密度狀態。

乍看之下，界線密度高可能是人際關係擴大的理想狀態，但是對於你的內心健全度來說，密度其實要低一點比較好。心理學家伯頓・哈修（Barton）的調查表明，自己所屬的團體之間的往來越少，自我精神狀態就越健康。如果不同社群之間沒有交流，可以讓另一個社群的朋友傾聽你的抱怨，但若社群之間有所聯繫的話，就不能隨時隨地發牢騷，連一個小傳聞都要留意。「A和B可能合得來」等，像這樣很積極地把不同群的朋友拉在一起，結果也只是徒增壓力而已。

如果你已經疲於高界線密度的人際關係，建議你重建一個全新的封閉世界，當創造出只屬於自己的封閉世界，也許可以找回平靜的心。

## 低界線密度對個人狀態較好

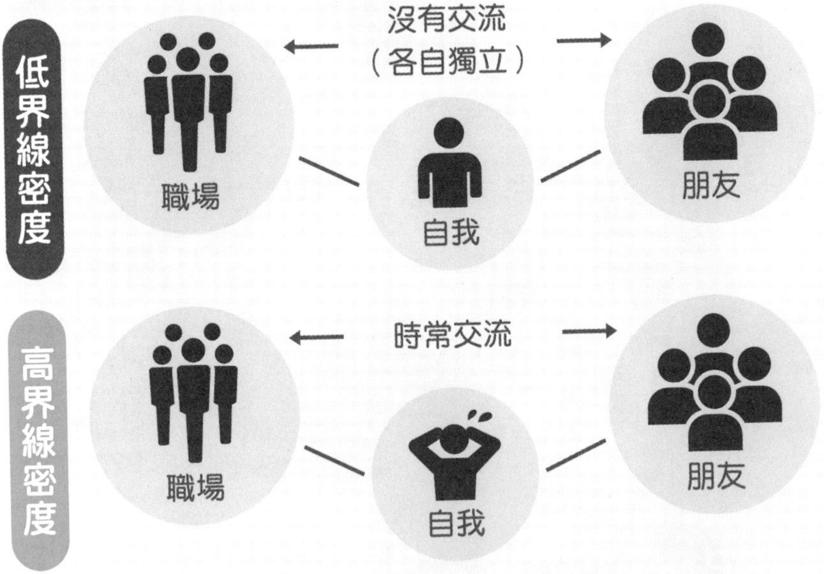
低界線密度
沒有交流
（各自獨立）
職場
自我
朋友
高界線密度
時常交流
職場
自我
朋友

## 擁有能匿名於其中的團體

例如：

・在社群網站上不公開自己的名字

・在網路遊戲中只用暱稱

・部落格文章僅限對朋友公開

……等等。

創造一個不給任何人看且
只屬於自己的世界，心境
會比較寧靜。

# 容易積累壓力的工作、難以積累壓力的工作

## 容易生病和不易生病的行業

遺傳性、性格上抗壓性弱的人都屬於工作上容易產生壓力的類型。另外，根據行業不同，也有容易生病和不容易生病的工作。

● 和人接觸少的工作

一般而言，工作會產生壓力大多是因人際關係，相反地，太少與人接觸也會是問題。因為無法切實感受到作為社會的一員和工作的意義，因此容易悶出心病。漫畫家、程式設計師等單人作業類型的工作需要留意。

● 「情緒勞動*」型的待客行業

包括客服中心負責客訴的接線員、餐飲業的店員等，在這種有金錢往來的服務業，必須抑制自己的感情來服務和應對抱怨投訴，然而越是要求高「情緒勞動」，就越容易積攢壓力。

● 比起經營者，上班族更是高危險群

據說比起強制性質的工作，擁有自由裁量的工作性質不容易患有憂鬱症。經營者雖然背負著巨大的責任和壓力，但是工作時擁有自主判斷、裁量的決策權，所以即便工作繁重也能承擔，另一方面，一般上班族通常是接收公司命令而勞動，此種強制性常伴隨著壓力，因此心靈平衡容易崩毀。

若是對壓力很敏感的人，先行考慮對心理的影響後再選擇行業和職務類別吧。

＊譯註：情緒勞動（Emotional Labor），是由美國學者霍奇查爾德（Arlie Hochschild）於1983年提出，其定義為：「個人致力於情感的管理，以便在公眾面前創造出能被看到的臉部表情或身體勞動。」例如櫃台人員就需有「微笑的情緒勞動」。

# 容易累積壓力的工作是？

## 不須和別人接觸

**默默地**
**單獨工作**

不見任何人、不和任何人對話的工作容易生病。

- 漫畫家
- 程式設計師
- 單獨作業的工廠工作員

……等等。

## 必須抑制自己的情感

**被稱為「情緒勞動」的工作**

為了提供客人服務，必須抑制自己感情的工作容易生病。

- 客服中心的客服員
- 餐飲業店員
- 服裝銷售員

……等等。

# 若屬於擁有自由裁量的決策權之人，壓力就不容易累積

經營者

雖然有經營上的責任和壓力，但工作本身就是實現自我的場域，即使工作艱辛，但銷售額提高的話，公司的價值和收入也會跟著抬升。

↓

**不易患病**

# 遭受批評和被講壞話時的處理方式

## 善用讚揚來緩和對方咄咄逼人的態度

在社會上走跳，一定會遇到老愛說別人壞話、嘴上毫不留情批判的人吧，為什麼他們會有那樣的行為呢？主要是因「對自己沒有自信」、害怕被對方輕視所致，他們攻擊別人是想確認自我的存在價值。

然而，即便你想要正面迎擊對方的酸言酸語，甚至反擊，也只是積攢壓力於身而已，建議以下列方法抓住對方的心，才是最佳解決之道。

① 好好讚美

對方若是缺乏自信的人，誇獎他會比做任何事都還令他開心，從工作能力到容貌、服裝，甚至是外表以外的任何點，一有機會就表揚，對方會覺得「如果自己繼續使壞的話，也許就無法再被讚美了」而放棄批評你。

② 好好拜託

被拜託的話，對於難搞魔人來說正是提高自我價值的最大機會，像是「A和B的方法哪個好呢？」等，用對方容易回答的提問方法請教也很有效。

無論是工作、還是養育孩子，表揚對方是非常重要的，找到對方優點並「好好讚美」，可以建立沒有壓力的人際關係，自己也能變得積極。

## 愛批評和講別人壞話的人，其實缺乏自信

批評
我覺得你這麼做不好！

講人壞話
那個人真讓人火大啊！

想透過攻擊別人，再次確認自己的價值

缺乏自信

## 和沒有自信的人順利來往的訣竅

### ❶ 好好讚美

對容貌、能力、服裝等都表示出很讚賞的樣子。

正因為對方是缺乏自信之人而會為此開心，也會為了獲取更多的表揚而軟化態度。

如果還很壞心眼的話，
可能沒人會再讚美我了！

### ❷ 好好拜託

讚美之後，
再拜託對方事情

因為受到誇獎而姿態放軟，會想回應別人的請求。

我也要幫助人家才行！

# 在被「按讚數」綁架之前

## 讓「自重人重需求」暴走的社群網站陷阱

隨著社交網絡的使用度大幅提升，經常聽到「自重人重需求」這個詞，這是指「想被別人認可」、「自己想變得特別」的欲望。

根據美國心理學家亞伯拉罕．馬斯洛（Abraham Maslow）發表的「人類需求五層次理論」，說明了以下五個階段的需求。第一階段是食慾和睡眠欲這一最基本的「生理需求」，第二階段是確保自己的身體和生活安全的「安全需求」，第三階段是希望被自己所屬團體接受的「社交需求」，第四階段是希望別人能認可自己是特別的且被尊敬的「尊重需求」，以及滿足這些欲求後產生的是實現自己夢想和期望的第五階段「自我實現需求」。「自重人重需求」是由其中第三階段的「社交需求」與第四階段的「尊重需求」結合，是任誰都具備的基本欲求。

可以輕鬆發表自己的意見和生活方式，然後讓追蹤者「按讚」的社群網路平台是滿足認可欲望的最合適工具。但是，如果交流方式開始不如期許，就有可能無法駕馭「自重人重需求」。從自己的貼文反覆被「按讚」的過程中，滿足感開始降低，變得想獲得更多的「讚」時，時間一久就容易產生壓力，進而導致「社群媒體疲勞」。

## 馬斯洛提倡的「需求層次理論」為何？

人的欲望分為①生理需求、②安全需求、③社交需求、④尊重需求、⑤自我實現需求，滿足了下層的需求時，就會進一步產生上層需求的一套理論。

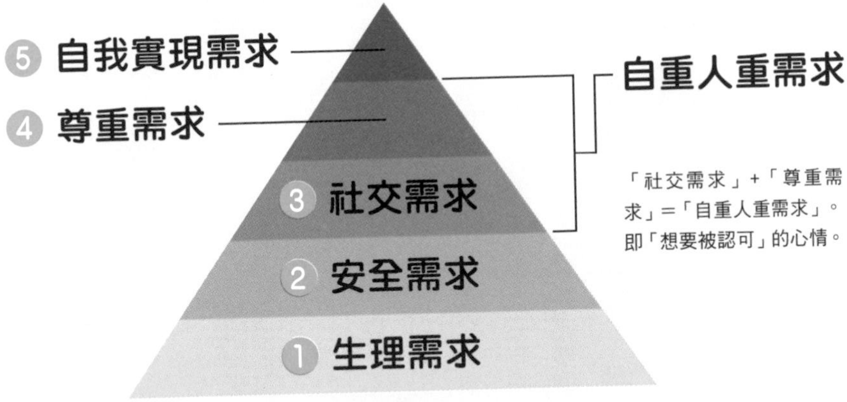
⑤ 自我實現需求
④ 尊重需求
③ 社交需求
② 安全需求
① 生理需求
自重人重需求

「社交需求」+「尊重需求」=「自重人重需求」。即「想要被認可」的心情。

## 在社群平台上獲得的「認可」很快就會沒感覺

一開始……
有20個讚
開心
習慣了之後就會貪求更多
有20個讚
怎麼讚會這麼少……

在重複接受同樣的刺激過程中會逐漸習慣，如果只獲得相同程度的認可就無法產生喜悅感。

# 因社群媒體依存症而產生的威脅

## 社群依存也會侵蝕心靈

社交網路平台能替人帶來巨大滿足感，因為自己的貼文總能獲得非特定多數人的「按讚」認可，但從滿足感的另一面來說，容易越陷越深的上癮陷阱也需要十分注意。據說沉迷於社交網絡的人的大腦會出現與酒精、藥物依存症患者相似的損傷。「總是一天到晚想著這些社群媒體的事」、「對按讚數和留言數量非常在意」、「得不到期望中的反應就很焦慮」，這些都是陷入社群（ＳＮＳ）依存的徵兆。

如果就這麼錯失這些警訊，內心也會很快地被侵蝕而導致集中力和行動力低下，在情緒方面，特別是難以感到喜悅等，表現出憂鬱症的症狀，工作和日常生活都會出現很大的障礙。

「難不成這是ＳＮＳ依存徵兆嗎？」若能自己注意到的話還來得及。首先，讓自己遠離智慧型手機、電腦等可以連上社群網站的３Ｃ產品，與ＳＮＳ保持距離。為了在ＳＮＳ以外尋求充實生活的嗜好，試著制定目標、努力工作和學習吧，此外，透過運動來重整心情也會很有效果。

任何人都能自由地表達自己，能與全世界人們交流的ＳＮＳ的確能讓人生更加豐富，但為了純粹地持續享受便利和美好，注意保持與ＳＮＳ的適度距離是很重要的。

## 現代人應要留心對社交網路的依賴

下面介紹可以測試是否患有網路成癮症的
「網路成癮自評量表」（Internet Addiction Test，IAT）的其中一部分。
回答「是」較多的話，表示患有成癮症的危險性高。
也把「網路」換成「SNS」，來確認你自己的依存度吧。

- □ 是否有比想像中花更久的時間上網？
- □ 在網路上是否結交了新朋友？
- □ 你有沒有為了逃避日常生活中的煩惱而靠著上網才有辦法靜下心來？
- □ 是否意識到自己常想著下一次上網時的事情？
- □ 是否曾有剝奪自己的睡眠時間而上網直到半夜的情況？
- □ 即使想減少上網時間，但有什麼做不到的事嗎？

## 若覺得實在不妙，下列有擺脫依賴的4個方法

### 忍耐

不要突然就完全放棄，試著一點一點地「忍耐一次」或「停止五分鐘吧」。

### 透過做其他事情來充實生活

做運動、工作、學習等有益的事情。重要的不是「停止」而是「用其他的事物來滿足」。

### 遠離

把手機放在家裡直接出門、關機等，讓自己遠離SNS。

### 做紀錄

雖然想要點開社群網站，但可以記錄下來忍耐的次數。

# 過於敏感而容易積累壓力的人可能是高敏感族群（HSP）？

## 把敏感當做優點來看待吧

近年來，「HSP」一詞備受矚目，HSP是「Highly Sensitive Person」的縮寫，也就是「高敏感族群」之義，是心理學家伊蓮·艾融（Elaine N. Aron）提倡的概念。在人類還過著狩獵生活的久遠以前，敏感度是用來瞄準獵物以及保護自身不受敵人侵害的不可或缺能力。而隨著生活環境的安定，人類所持有的敏感度也漸漸淡薄，但即使在現代，仍有一部分人繼承了敏感的氣質，是大約每5個人中就有1位是HSP的比例。

「很在意別人的臉色和對話的內容」、「對氣味和聲音很敏感」，有這種氣質的人很可能屬於HSP一族，因為HSP對每一件事都很敏感，所以容易積聚壓力，也常抱持著生活不易的想法。

然而，HSP並不一定就是缺點，正因為敏感，才能很貼心地顧慮到周圍的人；正因為容易感情用事，才能站在對方的立場上考慮事情。由於HSP的概念被廣泛傳播，至今為止一向被批判為「懦弱」和「內向」的特質，已經轉而以「善解人意」、「謹慎」等優點為人所接受，透過認同和接納HSP其實是自身與眾不同的個性，各類型的壓力也會開始變得積極起來喔！

## HSP（Highly Sensitive Person）是什麼？

HSP是指擁有敏銳感性的人們。
這是由於其天生具備的氣質，每5個人之中就有1個人的比例存在。

### HSP自我檢測量表

- □ 很會察言觀色
- □ 在意別人說話的內容
- □ 容易受噪音困擾
- □ 容易受到驚嚇
- □ 對氣味敏感
- □ 容易因生活上的變化而內心凌亂
- □ 一下子被拜託了各種各樣的事情時會很混亂
- □ 容易將感情移入電視劇中的人物
- □ 會被美術和音樂深深打動
- □ 經常被周圍的人說「你很敏感呢！」

**如果勾選達6個以上，是HSP的可能性很高**

## 因為防護牆很薄，所以對周圍很敏感

非HSP族群

防護牆很厚，即使周圍有人也不會特別在意。

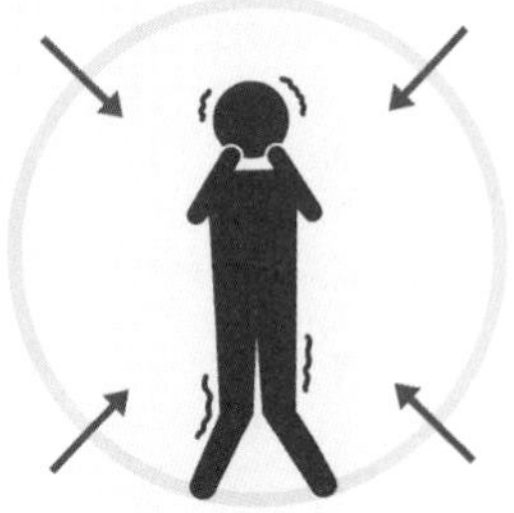

HSP族群

防護牆很薄，常覺得被周圍的人盯著看，所以難以沉靜下來。容易產生消極的想法。

# 過於在意小事的性格是「認知扭曲」

## 透過糾正思考習慣的訓練來解決

在ＨＳＰ的人中，應該有不少人因過於在意周圍人的臉色而感到壓力的吧，當被上司說了些注意提醒的話時，會心想：「這個人是不是因為討厭我而生氣呢？」如果對方郵件回覆晚了就會想著：「該不會說了什麼讓他生氣的話吧？」而會越來越退縮。

會有這種傾向是由於ＨＳＰ「顧慮過頭的特質」，這可以經由糾正「認知扭曲」，也就是思維習慣來解決。

具體來說，每當腦海中浮現煩惱的事，最後都以「但是～」的反駁文來訓練是有效的。「或許被課長認為我的能力不足，但是前幾天他表揚我準備的資料很完整。」像這樣，根據客觀事實來否定自己擅自想像的對方心情，透過基於正面的事實來否定現在所捕捉到的不安，將消極的印象糾正為積極的認知。若能持續此種訓練，思考習性會一點一點地被修正，事實認知也會不再被自己扭曲，因此，當又開始對對方產生感到棘手的臆測時，就不會退縮，能夠自然地與任何人相處，再加上如果能向你信賴的人請教、對方也能好好地瞭解你的情況的話，心情會更加輕鬆。

## 「顧慮太多」的人會有的思考模式

此類型之人的思考模式是，當發生什麼事情時總意識到「難道會是我的錯嗎？」，而歸因於自身因素。

當會議上輪到自己發言的時候，有人開始打哈欠

我說的話是不是很無聊啊……

↕

### 不會在意的人的思考

- 這場會議很無聊吧。
- 可能是睡眠不足吧。

約會被取消時

其實是不想見到我吧……

↕

### 不會在意的人的思考

- 可能是感冒了吧。
- 下次有空的時候再見面吧。

擦肩而過的人們在笑著

該不會是覺得我的髮型很奇怪……

↕

### 不會在意的人的思考

- 他們在聊些什麼吧。
- 應該有令人開心的事吧。

## 用「但是+事實」反駁

如果被消極思考所束縛時，就用「但是……」這樣的客觀事實來反駁，以糾正自己的認知。

大家都討厭我……

但是A說喜歡我

但是B先生都很溫柔地跟我說話

但是C經常傳私訊和我聊天

# 消除想說卻開不了口時所產生的壓力之訣竅

## 在講出難以啓齒的事情後，再加上一句「如果可以的話我會很高興」

誰都有想說卻怎麼也說不出口的經驗吧，高敏感族群的此種傾向會更加強烈，敏感之人通常感受性很豐富，也很容易就能換位思考、理解對方的心情，於是動不動就開始東想西想，導致大腦思考無法集中，無法順暢地、也抓不準時機說出想講的話。但即使是屬於這種性格的人，也有能夠流利表達的訣竅，那就是將自己想說的話集中表達。

無論如何都必得傳達的某件事，或者有很多想說的事時，建議集中在三件事以內傳達，並且，最好從平時就開始練習如何濃縮自己想說的重點。

此外，由於「這樣說話肯定會被討厭」的認知扭曲，常有無法順利表達自己的情況，在這種狀態下，首要該做的是糾正認知扭曲，當意識到自己不應擅自斷定對方會產生的反應時，主張自我意見就會變得不那麼困難。而對於即使採取前述策略，也很難順暢表達自己的人，我的建議是最後再加上一句：「如果○○的話，我會很高興」與其說「幫我一下」，不如說「如果能幫我的話，我會很開心」，這樣不僅容易說出口，對方也能樂意傾聽。

## 高敏感族群動不動就浮現的思考習性

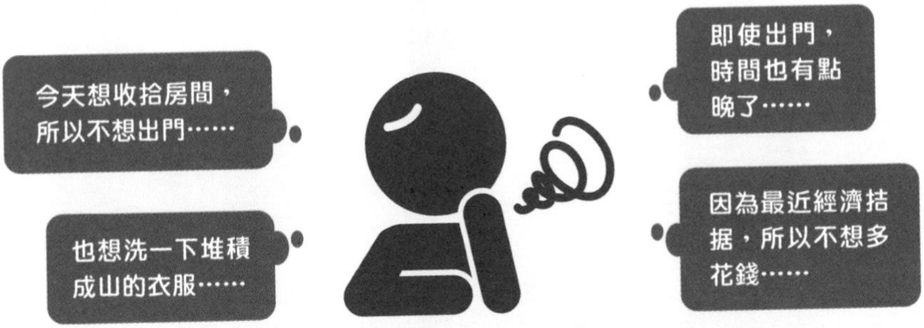
今天想收拾房間，
所以不想出門……
也想洗一下堆積
成山的衣服……
即使出門，
時間也有點
晚了……
因為最近經濟拮
据，所以不想多
花錢……

因為高敏感族群感受性高，腦中容易同時湧現好幾個想法。
常想要一次就講完，卻無法順利表達。

**意見若能壓縮到三點以內最容易傳達**

## 加上「這樣的話我會很開心」這類的正面說詞，就能更圓融

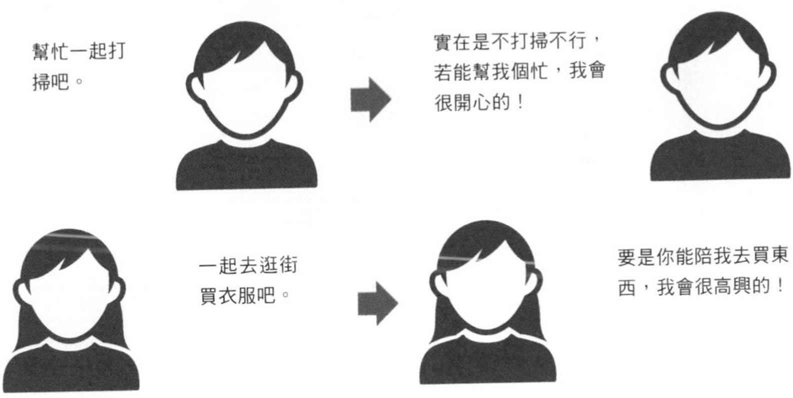
幫忙一起打
掃吧。
實在是不打掃不行，
若能幫我個忙，我會
很開心的！
一起去逛街
買衣服吧。
要是你能陪我去買東
西，我會很高興的！

# 對抗酸言酸語的最強自我保護法

## 拒絕回饋才能削弱對方的凌人氣勢

前面提及，對於愛說人壞話和批評的人，時常稱讚他們有助於和平共處，但遺憾的是，世上總是有不受吹捧、以你為目標進行攻擊的批評魔人。特別是敏感於察言觀色的人，被攻擊時更是容易表現出受打擊的樣子，此種反應其實只會讓對方更來勁，也更加執拗地想攻擊你。

應對這種人最有效的擊退方法就是「拒絕回饋」，「回饋作用」（Feedback）在心理學上的意義指的是個人在某種行為發生後，對於行為所造成的結果所採取的反應行動，而這會影響下一次即將發生的行為。已有實驗證明「人在做出某些行為後收到回饋的話，興致就更為高昂」，意指對方攻擊你時，若是有所反應，對方會視為是你給的回應，進而讓其產生衝勁。反駁、低頭、原地離去……等這些反應都是回饋，所以絕對要避免，為了減少對方越見激烈的指責，最好當個木頭人。

具體來說，如果對方開始攻擊時就先深呼吸，總之要抑制住自己不安的模樣，以正念（參照P．92）的方式先讓自己集中於呼吸，放鬆身心。看到你對任何攻擊都毫無反應的沉著冷靜，對方就會因為碰壁而喪失攻擊性。

## 有所回饋就會讓對方更集中攻擊火力

回饋作用指的是，以易於理解的方式向採取行動的人展示他如此行動的結果。
得到回饋的人會有「再多踩他一點吧」的情緒。

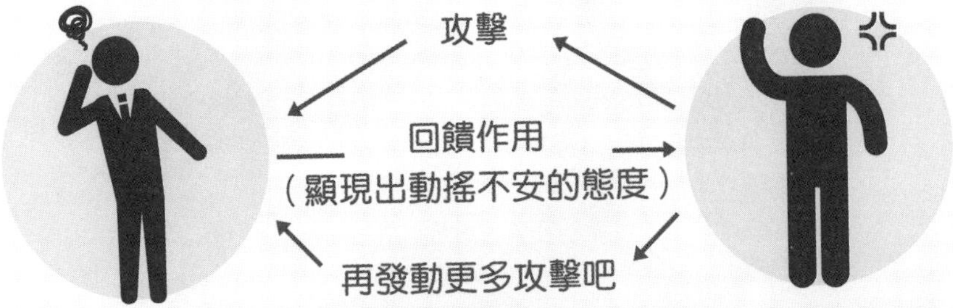
攻擊
回饋作用
（顯現出動搖不安的態度）
再發動更多攻擊吧

## 以沉著的態度制止攻擊

在攻擊你的對象面前，表現出「不把對方放在心上的外顯態度」很重要。
沉著的態度會促使對方收手。

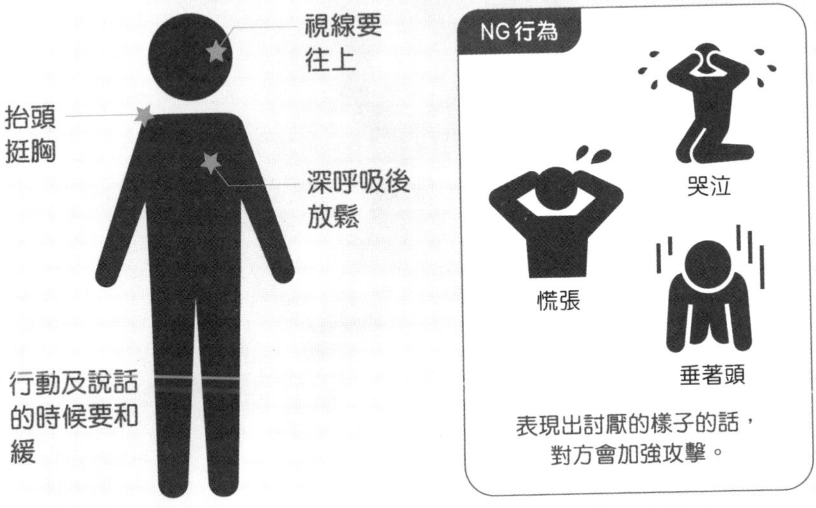
視線要往上
抬頭挺胸
深呼吸後放鬆
行動及說話的時候要和緩
NG行為
哭泣
慌張
垂著頭
表現出討厭的樣子的話，
對方會加強攻擊。

專欄

# 無法擺脫憂鬱狀態是因為「憂鬱認知三角」

處於憂鬱狀態的人常持有偏見思考，這稱為「認知扭曲」。由於認知扭曲，「憂鬱認知三角」（Depressive cognitive triad）這種固定的思考模式會反覆出現。

對自我抱持否定想法：「考試落榜了，真是個廢柴」

→對世界、環境的否定想法：「變成這樣都是社會的錯」

→對將來持否定態度的想法：「反正將來也不可能會有什麼好事」

→對自己持否定的想法：「果然自己就是個廢柴」

……像這樣反覆出現的否定想法，會讓憂鬱狀態進一步惡化。

陷入「憂鬱認知三角」困擾的時候，試著尋找其他看待事物的觀點和想法吧：

「自己是個廢柴」→「會失敗的不只是自己而已」

「今後不會有好事發生」→「無法預測往後的事情，或許不久就會有好事發生。」

要想從憂鬱狀態中解脫出來，像這樣改變消極的想法，糾正認知扭曲是很重要的。

## 如果無法從憂鬱認知三角中逃脫出來，抑鬱的狀態就會持續下去

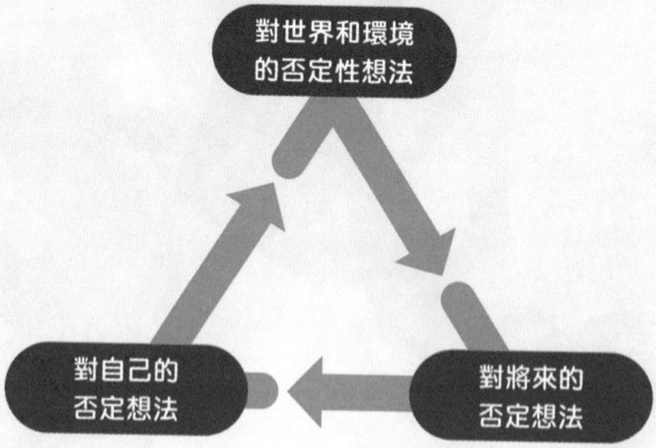

第4章

# 對壓力的感受度男女有別

# 邏輯派男性的抗壓能力其實很弱

## 有問題時也不能順暢地表達

從語言學上來說，多數男性偏向邏輯性思考，而女性則有感覺性思考的傾向。

大多數男性都會事先在頭腦中依照事物道理安排發言內容，與此相對，女性則大多不管合不合乎邏輯，感情總先跑在前頭。

還可以看到在社群媒體等各種平台上，女性較常即時上傳貼文，這也是因為女性具備著能馬上將感受到的、思考的東西用語言表達出來的特性。另一方面，男性不太擅長將感情語言化，即使懷抱煩惱也常無法順暢地向人傾訴，於是，總獨自一人苦悶而常有被逼入絕境的感受，漸漸地就無法很好地應對壓力。

男性抗壓性弱的表現還包括他們有「總是很在意自己地位」的習性，比如說，在公司這種類型的群體中，誰是領頭的、自己與同事及後輩的力量如何平衡等等，經常和別人比較，會十分意識到對手的存在。

上述特質也適用夫妻或戀人關係，甚至會有男性僅僅因為和伴侶吵架輸了就抱有自卑感，對於和他人之間的力量拉扯、自己的立場皆很敏感的男性，很容易因為一些小事而產生壓力。

## 男性容易介意自己在群體中的位置

誰是這個群體
的老大？
誰的地位高？
誰的地位低？

男性會很留心自己在群體中的位置，經常將周圍的人當成對手來看待。
有這種想法男性雖占多數，但女性也有。

## 邏輯派的男性容易被逼入絕境

男性因為重視「理論上有沒有錯」，所以不擅長將煩惱語言化。
因總是不向任何人傾訴，忍耐到了極限之後，自殺的可能性很高。

煩惱
⬇
說不出口
一個人承受已快到極限……

# 男性透過「挑戰反應」來消除壓力

## 把煩惱和痛苦化為彈簧重壓回彈

據說人一旦感受到壓力的話，就會產生「挑戰反應」或「關懷反應」（參照P．24）。

「挑戰反應」是指當壓力降臨，對此產生反動，想要挑戰的心情就會湧現出來。例如，從造成壓力的失敗中學習，努力在下次機會中取得更好的結果等等，這是因為承受了失敗的壓力，萌生了想要反彈回去的想法，若是不曾失敗，也許什麼狀況都不會被改變。

像這樣以消極的事情為契機，通過反動作用而成就大事的叫做「反彈效應」。例如，球輕輕掉在地上通常反彈力不大，但是使勁丟向地面後就會用力回彈，同樣的事情也可以套用在承受壓力時。

通常，痛苦時不與他人詳談，想單靠自己解決問題的男性，比較容易產生「挑戰反應」。抱著「必須要做點什麼」的積極態度，讓自己振奮起來，具備不屈服的精神意志，反而以此為動力來解決問題，開拓新的世界，引發這樣的行動也是壓力持久的功效之一。

## 男性根據「挑戰反應」決定下個階段的作為

挑戰反應是指面臨壓力時的反作用力催生了挑戰欲。
比起女性，男性更容易產生這種反應。

簡報發表失敗了……
下次好好地規劃對策，完美地呈現吧

在巨大壓力之下，想做好的事情卻失敗了……

為了下次能達成目標，要好好準備

## 運用腎上腺素提高幹勁

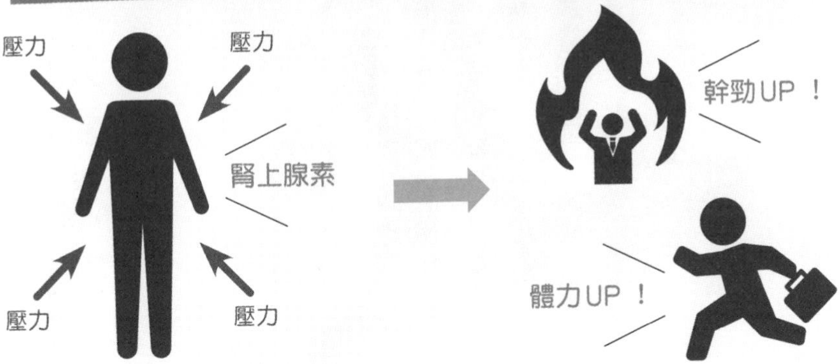
壓力
壓力
腎上腺素
壓力
壓力
幹勁UP！
體力UP！

面臨壓力時會釋放一種稱為「腎上腺素」的荷爾蒙，
腎上腺素有提高幹勁、集中力和身體能力的作用。

# 女性在人際關係上的壓力特別大

## 希望成功構築自我地位的女性

人際關係常成為一般大眾的壓力來源，特別是女性在人際關係中，有著重視構築自己地位的傾向，因此，若和誰有摩擦，不能順利地擁有一席之地的話，會經常感受到壓力。

這在鄰居往來、媽媽圈、朋友之間也是一樣的。如果是職場女性，就必須正確地量測和上司、同事、後輩等的力量關係及距離感，然後看清自己的所處位置。

在職場上，「能在工作中取得成果」是作為社會人很大的目標，因此，在「工作成果是否能獲取好評價」這一點上，也會產生強烈的壓力。

像這樣，女性們總面對著人際關係、工作、生活中的不安和不滿等各種各樣的壓力。

要擺脫此種壓力，透過向別人傾訴後再進一步「整理自己情感」是很重要的，這樣可以有效地排解體內怨氣，如前所述，女性很擅長將感情語言化（參照P．68），並且，相較之下，和周圍的人商量煩惱和痛苦的事也沒有男性那麼抗拒，因此透過談心就能順暢紓壓的人很多，在在顯示「女性的抗壓性確實較強」呢！

## 女性在人際關係中容易感到壓力

女性若在人際關係中有衝突，無法如願建立起自我居處位置的話，
多數人會因此感到壓力。

人際關係的不和諧

在群體中如果和他人發生糾紛的話，容易感到壓力。

集體內的孤立

若是無法適應群體，不能順遂地維持地位的話，很容易產生壓力。

## 女性比男性更能抗壓

女性在發生事情的時候通常會馬上和周圍的人商量，
因為擅長情感的語言化，所以很有助於發洩壓力。

告訴別人

透過和別人談心，可以整理自己的情緒。

消除壓力

女性比起男性更擅長用語言來發洩感情。

# 女性透過「關懷反應」來消除壓力

## 女性擅長與人分享煩惱和痛苦

如前所述（參照P．24、70），人在感受到壓力時會表現出「挑戰反應」或「關懷反應」，特別引人注目的部分是女性常藉由「關懷反應」來消除壓力。

「關懷反應」是指透過和他人的聯繫來擺脫困難和危機的機制，其中與面臨壓力時就會分泌的一種叫做催產素的荷爾蒙有關，這種荷爾蒙有提高「想和人交流」的心情之作用，所以透過向家人和朋友傾訴煩惱與不滿來克服壓力。

原本女性就擅長將感情語言化，對於敞開自己內心也不太會產生抵觸情緒，所以多數人都會用「關懷反應」來應對壓力。

「想和誰有所連結」的心情，也能以幫助別人、談一場新的戀愛等對周圍人付出關懷和愛情的形式呈現。在災害中受難的人們互相慰勞、互相幫助的行動也是「關懷反應」之一。

和「挑戰反應」一樣，「關懷反應」也會讓壓力產生積極的思考和行動，從這裡可以看出，壓力絕非只有消極的一面，只要有應對的方法和思考，就可以成為「產生積極變化的契機」。

## 女性透過「關懷反應」來克服壓力危機

「關懷反應」是指，想透過與人的連結而跨越危機的反應。
女性比男性更容易產生這種反應。

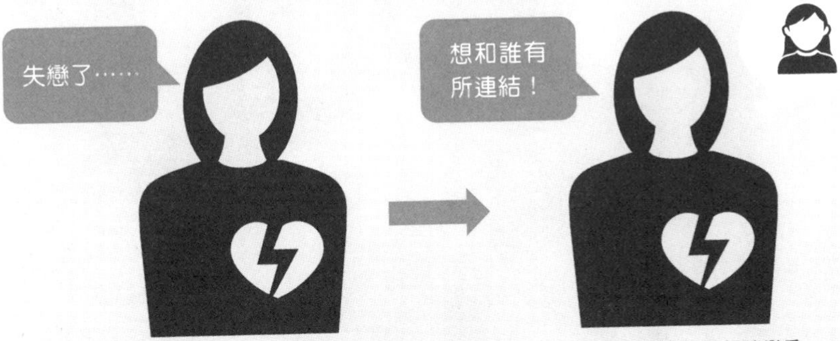


因為失戀等情事而致精神上大受打擊，
感受到壓力……。

期待有人聽自己說話、想談戀愛。

## 催產素能緩解不安和焦慮

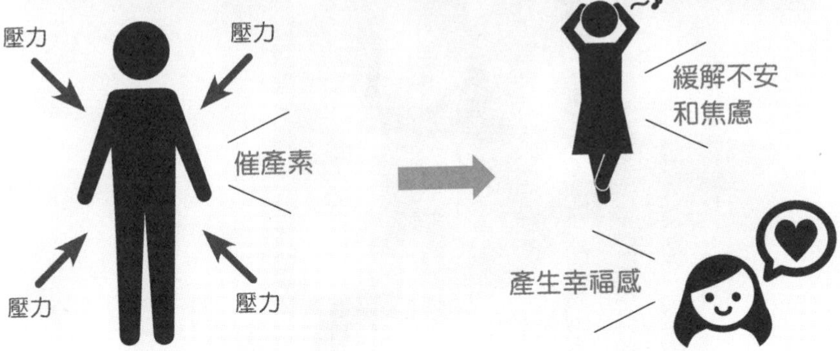


承受壓力時會釋放一種稱為「催產素」的荷爾蒙，
「催產素」擁有緩和不安與憂慮並提高幸福感的作用。

# 身邊「有傾訴對象」是緩解壓力的祕訣

## 能有人好好聽自己說話就會充滿力量

人可以透過向別人傾吐來整理自己的大腦思緒，減輕壓力，但是，沒有伴侶的人也就代表了身邊沒有能細說自己煩惱和焦慮的對象存在，所以常動不動就心情鬱卒，在這種情況下，其實不要只拘泥於尋求家人和朋友的協助，而是要找到能客觀地看待自己、協助面對自我的人。

然而，傾訴的對象並非是誰都能勝任的，最理想的是可以站在對方立場上思考並產生共鳴的人，身邊有這樣善於傾聽的人存在，疲勞的心能被療癒、精神也能安定，更能從沉重的壓力中解放出來。

在別人希望跟你聊聊的時候，當個稱職的傾聽者也同等重要，該做的事情就是專注地傾聽，用心聽對方說話、讓對方產生共鳴比什麼都還奏效。

這時如果向對方說一句慰勞的話，像是「很難受吧」、「好辛苦啊」，對方的心情就會變得輕鬆許多，這兩個表達共鳴的詞語是我們身心科醫師經常使用的黃金短語，請務必記住，另外，也嚴禁在聽了別人訴苦後就叨唸說「你也有錯」等責怪對方的話，若將人逼進死角，只會施加更多壓力，一定要注意。

## 找人聽自己說話

人透過和他人談心，可以整理大腦思緒、減輕壓力。
身邊有聽自己說話的夥伴存在，就不容易生病。

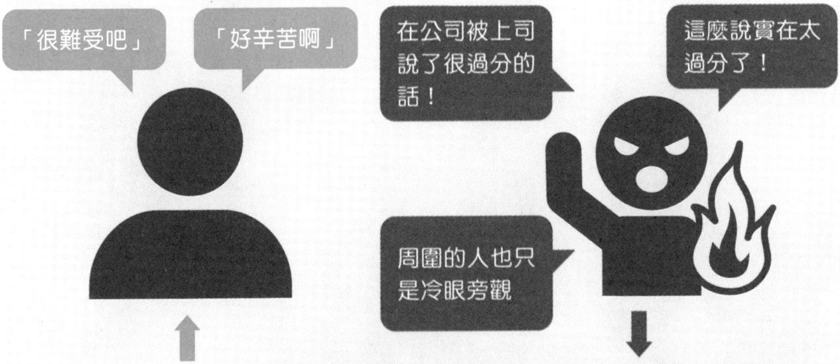
「很難受吧」
「好辛苦啊」
在公司被上司說了很過分的話！
這麼說實在太過分了！
周圍的人也只是冷眼旁觀

聽的人儘量不提意見，總之有同理心是很重要的。

透過向別人傾訴來整理自己的內心思緒，「也許自己也有需要注意的地方」、「明天開始繼續努力吧」……等，會變得積極向上。

## 找到什麼話都能傾吐的對象

只需和別人說說話、獲得共鳴就能減輕壓力。
特別是獨處時間多的人，找個什麼話題都能聊的人吧。

家人

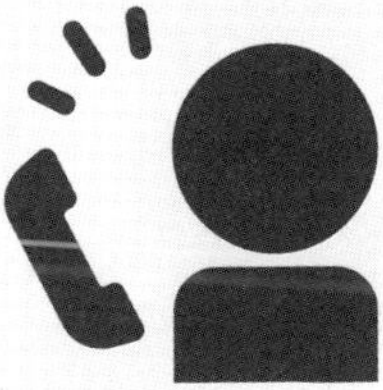

打電話給家人，重視和家人間的羈絆。

社群網站

在社群網站上認識什麼都能聊的對象。

結交朋友

藉由共同興趣等活動結交新朋友。

# 若對他人的行動感到煩躁，試著將起因推到「狀況」上

## 不是因為「性格」，而是因為「狀況」

人都會有將他人行動歸因於是「性格原因」而非「狀況原因」的傾向。大家都有過這樣的經驗吧，當別人遲到或是不遵守約定時，會覺得對方「自控性差」、「不靠譜」，而對他們的性格感到煩躁。即使對方有不得不那樣做的理由，實際上我們也會很難換位思考，在很多心理學家進行的實驗中，這樣的心理狀態也得到了證實。

而且，這種思考在家人、夫婦、戀人等交往很深的關係中尤為顯著。比方說，如果對方忘記了自己請託的事情，會因為「這個人對別人的事都不上心」這類性格上的原因而焦躁，這是因為彼此關係親近，容易感情用事，會在無意識中將自己的壓力發洩在對方身上。

對別人的行為感到煩躁時，請想像一下對方的處境，例如，冷靜地確認一天的生活模式和須完成的工作等，或者是「如果自己處於相同情況下會怎麼樣」，站在對方的立場上模擬想像。如此一來，就會發現原來很多事並非受性格影響，而是根據不同狀況才產生的行為結果。「這樣的話的確是沒辦法呢！」如果能這樣理解的話，心情也會輕鬆起來，容易感到煩躁的狀況也會減少很多。

## 越是親密的人越容易把「性格」當成「原因」

一般而言，人們通常傾向認為對方的行為不是源於「狀況」，而是源於「性格」。關係越親密的夫妻、戀人、家人……等，在無意識間，就會越容易認為是「性格因素」而盡情地將壓力宣洩在對方身上。

## 站在對方立場上想像會有的狀況是很重要的

透過模擬思考，「根據情況而定」的判斷就會增加。

# 這麼想能讓夫妻關係好轉，避免「新冠離婚」

## 將對方做的事情放在心上

由於新冠肺炎的影響，待在家的時間增加不少，導致許多夫妻關係出現裂痕，或許也有很多人都曾因此考慮離婚或分居的事吧。

心理學中有稱為「好感反應的互饋交流」（Reciprocity of liking）原理，直截了當地說，就是「若自己展現出好感，對方也會回應好意」，然而實際上，好意未必能傳達給對方。夫妻之間常有「我做了這麼多，你卻什麼都不做」的不滿情緒噴湧而現就是絕佳例子，像這樣只有單方面不停地釋出善意的話，就無法構築良好關係。

在美國心理學家特拉菲莫夫（Trafimow）等人進行的實驗中，讓四百名學生分別寫出「親切對待他人」和「接受過別人親切付出」的經驗，結果，受試者回憶中的小故事數量中，前者達到後者的三十五倍之多，這是因為善待他人都能作為愉快的經驗強烈地留在自己心裡，與此相較，從他人那裡感受到的善良體貼，像是一種可以借用的心理，容易產生無意識地淡忘的傾向。

也就是說，抱著「都只有自己在吃虧」這種想法的人，實際上也只是遺忘對方曾對待過自己的好。為了消除這種分歧，比起「為你做的事情」（好意），更應該把「獲得的幫助」（感謝）放在心上，若能建立起「好意和感謝的良性循環」，夫妻之間的羈絆也會更加深刻的唷。

## 記得「曾為對方付出」的人達35倍

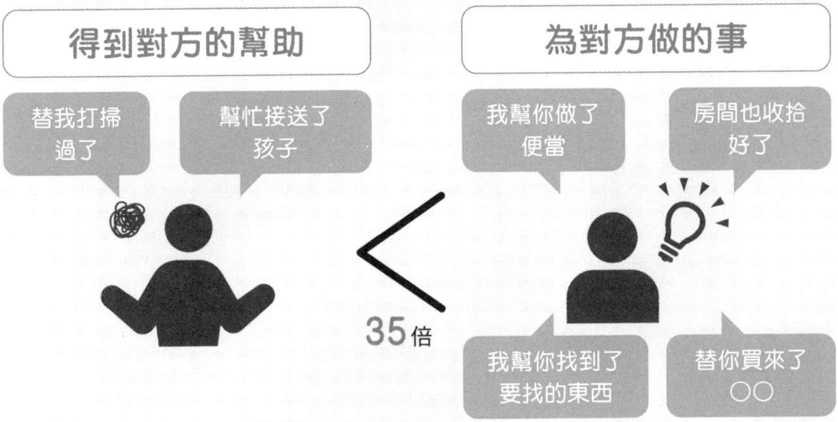
得到對方的幫助
替我打掃過了
幫忙接送了孩子
35倍
為對方做的事
我幫你做了便當
房間也收拾好了
我幫你找到了要找的東西
替你買來了〇〇

比起「別人對待你的親切舉動」，
人更能記住「自己曾親切對待他人的行為」多達35倍。

## 「好意及感謝的良性循環」是夫妻相處之道的圓滿訣竅

為了維持夫妻關係的圓滿，比起對待他人的善意，
把感謝放在心上更為重要。

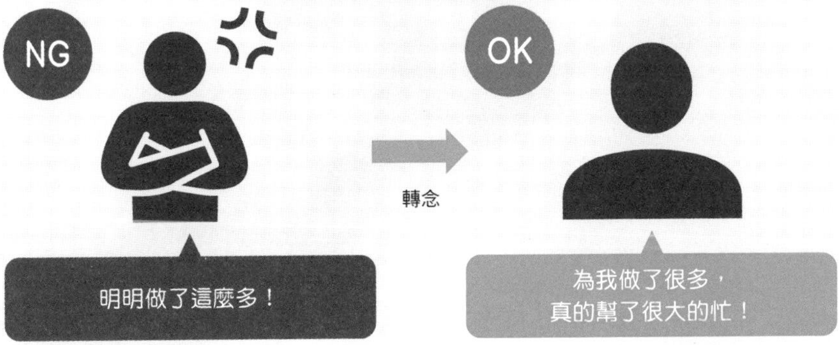
NG
明明做了這麼多！
轉念
OK
為我做了很多，真的幫了很大的忙！

專欄

# 測試離婚可能性的心理測驗「prepare」

人們會懷抱著「和自己親近的人都持有相同想法」的心理。

但是，實際上不管關係多麼親密，也不可能任何想法都會一致。

因此，在戀人或夫婦之間意見存在矛盾的時候，會因為「沒想到他/她是這樣的人」而深受打擊，導致關係惡化，最糟的情況可能還會走上離婚一途。

為了減少這種誤解，有一個非常合適的心理測試叫做「prepare」，大約有85%的準確率可以預測結婚的夫婦3年內是否會離婚。這個測驗實際上共有125個題目，在這裡集中介紹具代表性的13題。

**QUESTION** —— 無論是未婚者還是已婚者，在心中回想著身邊伴侶的樣貌並同時回答「硬要選的話，會是YES還是NO呢？」

1. **有時會因為對方的行動而煩躁**
2. **對方經常動不動就生氣**
3. **對方經常吃醋**
4. **經常擔心對方出軌**
5. **經常和對方吵架**
6. **自己和對方假日時的休閒娛樂不同**
7. **對於結婚後的收入等金錢方面感到不安**
8. **自己的親戚朋友中，有人擔心自己結這個婚是個賭注**
9. **伴侶的親戚朋友中有自己不太喜歡的人**
10. **關於想要幾個孩子的意見不一致**
11. **關於孩子的教育和管教的意見不一致**
12. **伴侶有時會拒絕或強制發生性關係**
13. **感覺到和伴侶的性喜好不同**

---

**這13個問題中如果有7個以上回答「YES」的話，表示婚姻是「不太樂觀」的狀態，回答「YES」越多的，離婚率就越高。但是，這個測驗的主要目的是以此為契機注意到兩人之間的問題點，並且在婚前或婚後，彼此能一邊商量、一邊解決問題才是有意義的，能把這個測驗當作一個突破口，再次和對方積極地面對面討論的話，那才是一種收穫。**

第5章

# 不輸給壓力的生活習慣

# 事先給自己獎勵能避免壓力產生！

## 越是過分努力的人越需要「心靈的依靠」

不會積累壓力之人的共同點是他們憑藉著興趣和放鬆心情等能打從內心享受的方式，讓自己擁有平靜的小確幸時光，換言之，就像找到能讓「心靈避難的場所」，幫助自己從沉重的現實中逃脫出來，放鬆心情以消除壓力。

如果能擁有一、兩個像是讀書、聽音樂、拜訪喜歡的咖啡店、和朋友見面、和寵物玩等「做這件事真讓人開心」的興趣是比較理想的，對象是人也好、東西也好、要到某個地方也無所謂，但是，要注意避免容易讓人上癮的東西，像是飲酒、抽菸、賭博、社群網站等，一旦沉迷其中就會產生不良影響，容易讓內心不安定，因此並不推薦。

重要的是，要在元氣滿滿的時候就預先準備好這樣的「心靈寄託」，因為等到意志消沉後就來不及了，此外，也不僅僅只當作是腦袋中可有可無的想法，要將其記錄在手機和筆記本上，隨時都能看到。應在燃料用盡之前就避免「心情消沉」，因為精疲力盡之後想恢復就得花費更多氣力。在「還可以撐住」的時間點就為心靈補給能量的話，只需少少的能量就能獲得很棒的效果。越是在無意識中過度消耗心神的人，越應該趁早用獎勵的方式放鬆心情。

## 事先預備好「中場休息」清單

列出對自己來說可以放鬆的活動，
記錄在手機或記事本上。

### 放鬆清單

- 在喜歡的餐廳吃飯
- 品嚐起司蛋糕
- 去泡溫泉
- 看漫畫
- 追劇
- 聽音樂
- 參觀美術館
- 讀推理小說

×NG
- 喝酒
- 抽菸
- 沒完沒了的電玩遊戲
- 在社群平台上PO文

避免會產生依存症狀
的興趣和行為

## 要在精疲力竭之前休息片刻

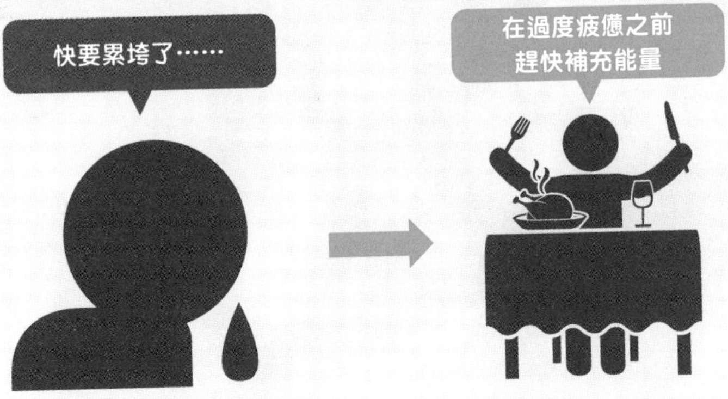


儘早補充心靈能量是很重要的，比起「真的撐不住了」的狀態，要在覺得自己「還可以」、「不太累」的狀況下補充能量，只需少量補給就會更有效率。

# 總之曬太陽真的很重要

## 掌握關鍵的是神經傳遞物質——血清素

醫學上認為日照時間和憂鬱症之間有著密切關聯，「常曬太陽的人和很少接觸陽光的人相比，憂鬱症的發病率低」。

如同左頁的介紹，由總務省發表的國別自殺死亡率調查來看，和日本相同，在高緯度、日照時間短的國家自殺的情況比較多。然而光是這樣也無法斷言「日照時間短的話，因憂鬱症自殺的人就會較多」，但至少可以看出緯度的高低和自殺有某種連結。

說起來，為什麼鮮少沐浴在陽光下的人會引發憂鬱呢？其中扮演關鍵角色的是被稱為「血清素」的腦內神經傳達物質。血清素能調整內心平衡，具有精神安定劑的作用。因此，該物質不足的話，壓力和焦躁感就會增加，而出現失眠和憂鬱的症狀。

想要活化血清素的作用，曬太陽是很重要的，日光刺激視網膜後可以促進其分泌。也就是說，日照時間短、沐浴陽光的時間少的話，血清素的分泌量也會減少，罹患憂鬱症的風險就會提高。每天沐浴在陽光下三十分鐘左右產生的血清素能減輕壓力和預防憂鬱症。

## 世界自殺死亡率調查前10名的國家

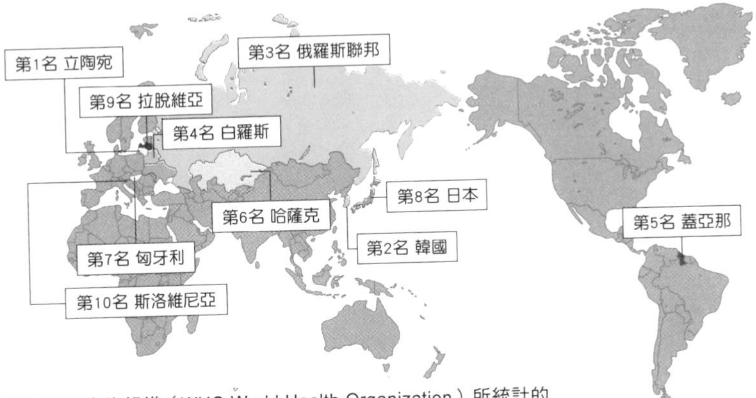
第1名 立陶宛
第3名 俄羅斯聯邦
第9名 拉脫維亞
第4名 白羅斯
第8名 日本
第6名 哈薩克
第5名 蓋亞那
第2名 韓國
第7名 匈牙利
第10名 斯洛維尼亞

來源：世界衛生組織（WHO:World Health Organization）所統計的
「自殺死亡率的國際比較」資料，由日本總務省製作。

**除了第 5 名的蓋亞那以外，其他國家都和日本一樣，
或甚至全是位居高緯度且日照時間短的國家。**

## 利用日光浴提高血清素分泌量

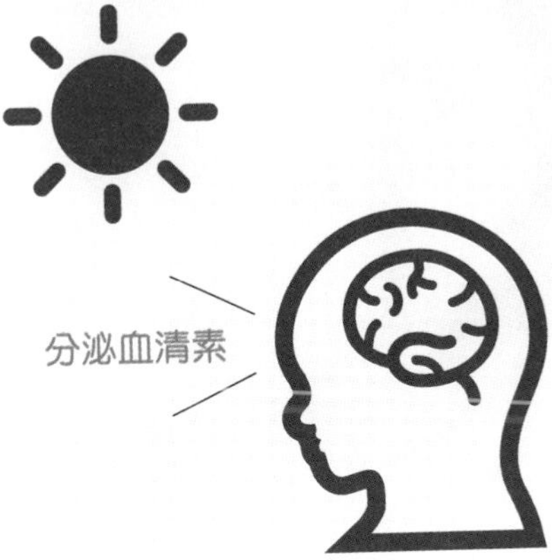
分泌血清素

**血清素的運作**

- 穩定心神
- 活躍大腦

↓ 分泌不足時

- 容易積累壓力
- 攻擊性提高
- 引起失眠、憂鬱、恐慌等精神症狀

# 睡眠時間雖短，但對健康是沒有害處的

## 「睡太少對健康有害」是一大誤解

過於拘泥於睡眠時間，反而有人因此產生壓力並感到十分苦惱，大家都說「睡7小時的人會長壽」，或者「睡8小時最理想」之類的見解應該也經常耳聞吧。

但是，坊間相傳的「7小時睡眠」實際上是沒有科學根據的神話。每個人的生活形態、健康狀態、有無宿疾……等等情況各式各樣，無法以「睡眠7小時最優」一概而論。因此，「睡眠時間短＝對健康不好」完全是誤解，沒有必要執著於時間長短。

其實，我1天的睡眠時間是2到4小時左右，但是健康狀況沒有問題，工作也毫無障礙地持續著。這是因為我在白天實踐被稱為「強力小睡」（Power nap）的短時間淺睡，通常大約是10分鐘左右的午覺。白天短時間的小睡可以提升大腦機能，有提高判斷力、集中力以及幹勁等效果，谷歌、蘋果等世界性大企業也推薦員工實行此休息法。

欲試試「強力小睡」，你可以坐著靠在椅背上、或是趴在桌子上，只需10～20分鐘的淺睡，就能讓心情舒暢、恢復精神，小憩之後的各種活動都能感到精力充沛，大家也嘗試一下吧！

## 「睡飽7小時最合適」其實毫無根據

常聽到「睡飽7小時最合適」，但這完全沒有科學根據，
「睡眠時間短＝對健康不好」著實是誤解，
如果真的不睏就不要勉強自己睡覺。

「失眠會影響健康」的誤解反而讓人產生壓力。

在想睡之前做自己喜歡的事情就可以了！

## 如何實行「強力小睡」

### 遮住光線

戴上眼罩，移動到黑暗的地方，遮光能提高睡眠品質。

### 不要躺著

最好是趴在桌子上，或者坐著靠在椅背上睡覺。不要躺下，這樣才能防止頸部的交感神經節受到刺激而進入深度睡眠。

### 攝取咖啡因

因為咖啡因的覺醒效果會在飲用後約20～30分鐘表現出來，所以在睡覺之前喝咖啡、紅茶、綠茶等可以使人清醒。

### 二十分鐘左右起床

設定鬧鐘，睡眠時間控制在20分鐘左右的短暫時刻內。進入深度睡眠後醒來反而精神不濟。

# 酒和香菸是產生新壓力的元兇

## 產生依賴性就是在背負新的壓力

「喝酒能讓內心的焦躁消失」、「抽菸才是轉換心情的解憂手段」，很多人都是以這種形式來應對壓力的吧。人們往往認為若是適度攝取，酒精和香菸在精神方面也會產生良好影響，但這只是單純的臆想而已，因為即使不喝酒和抽菸，也存在不會持續累積壓力的人。

面臨壓力時喝酒，只能消除「想喝酒」的壓力，但原本造成壓力的問題一個也解決不了，大口喝酒後感到「嗚哇~~真舒暢」其實是錯覺，酒醒後會回到什麼都沒改變的現實狀態中。

酒精和香菸能消除的壓力只有一個，那就是當手邊的酒和香菸皆空的時候感受到的壓力。依賴於酒精和香菸來消除壓力本身就是「沒有酒就無法重整紛亂心情」、「菸一抽就煩躁」等背負著新壓力的元兇。

像這樣為了消除壓力而成為癮君子，反而導致新壓力生成的根源不僅僅是酒精和尼古丁而已，網路、賭博、電玩遊戲等也都是，若想消除壓力，就要避免會「沉迷於其中的事物」，找到依賴度低但令人開心的嗜好才是上策。

## 依賴會產生新的壓力

沒有喝酒的時候
健康
家人
戀愛
工作
壓力來源
喝酒的時候
酒
健康
家人
戀愛
工作
壓力來源
沒酒可喝的時候
BEER
酒
健康
家人
戀愛
工作
壓力來源

喝酒、抽菸可以消除想喝酒和抽菸的壓力，
但會背負上其他新的壓力。

## 意識到「錯覺」是擺脫依賴的最好辦法

從依賴中解脫出來的方法有三種，但從精神論而言，其實很難做到，
想以物理性方式隔離也難以從欲望本身中跳脫出來。
減少欲求最好的手段是「真實地」理解壓力的元兇來自於「依賴性」。

### ❶ 精神論

「一鼓作氣來戒掉吧」的決心其實非常薄弱，時間一長，重新開始的可能性就提高了。

### ❷ 物理性隔離

沒有物理上能戒除菸癮、酒癮的方法，欲望不會消失，所以痛苦會持續下去。

### ❸ 真實理解

意識到「依賴不會減少壓力，反而會成為壓力的元兇」進而減少欲求。

# 充滿自信的最強姿勢與呼吸法

## 讓心神安定的正念呼吸法

背部挺直且站姿正確的人，會給人一種凜然、堂堂正正的印象，這不僅僅是外表所見，實際上透過挺胸的姿勢，人也會充滿自信。

西班牙馬德里大學的心理學家帕布羅・布里諾（Pablo Briñol）將學生們分成「端正／鬆垮兩種坐姿」的組別，然後提出關於未來職涯和人生的問題。其結果顯示，採取「挺胸端正坐姿」的團體對將來抱有積極想法，而「低著頭或駝背姿勢」這一組則是描繪出了消極的未來，從這個結果可以得知「姿勢和思考是互為因果的」。

確實，充滿自信的時候，誰都能精神抖擻地挺起胸膛，然而，一旦有不安和煩惱，身體就會蜷曲，呈現看起來垂頭喪氣的姿勢，每個人都要注意「在萎靡不振的時候挺起胸膛」，才能從姿勢開始調整自己內心。

另外，還要特別推薦作為沮喪時重振疲憊心情特效藥的「正念呼吸法」，為了優先讓副交感神經放鬆，重點不是單純地深呼吸，而是「感受呼吸」，藉由感受從鼻子吸入空氣的感覺、空氣的溫度等，將意識轉向此刻正在這裡的自己，透過正念呼吸能讓心情平靜，變得積極向上。

## 增強自信的最強姿勢

我要成為電視劇和舞臺劇的主角！
眼神向上
背挺直
抬頭挺胸

姿勢和心靈直接相關。糾正自己的姿勢，就會浮現出充滿自信、積極向上的想法，心情也會變得開朗……漸漸地整個人就會變得積極起來。

## 有助心情平靜的呼吸法

要讓心情平靜下來，推薦活用「正念」進行深呼吸。
當副交感神經占優勢時，會感到心情放鬆。

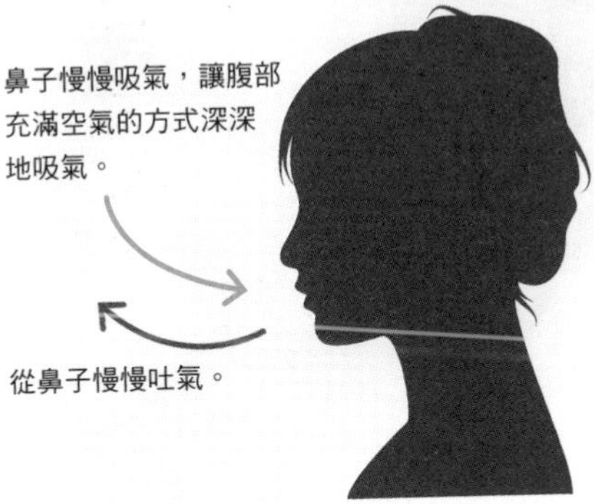

鼻子慢慢吸氣，讓腹部充滿空氣的方式深深地吸氣。
從鼻子慢慢吐氣。


重點

不僅僅是深呼吸，「感受」呼吸很重要。集中於空氣從鼻子進入的溫度和動作。

集中於呼吸，就會意識到「此刻的自己」，心情也會平靜下來。

# 比起碳水化合物應更常攝取蛋白質

## 肉類等蛋白質對預防憂鬱症很有效

碳水化合物、蛋白質、脂質是支撐我們身體的三大營養素，但是有憂鬱症傾向和症狀的人，要留心避免攝取過多的碳水化合物（醣類）。若過度攝取米飯和麵包等含醣類高的食物，血糖會急速上升，當血糖上升時，人會被幸福感包圍，但是為了降低過多的血糖值而分泌大量胰島素時，血糖會再急劇下降，心情也會隨之低落，像這樣心情起伏常常很激烈的話，會有加速誘發憂鬱症狀的風險。

順帶提及，在診療憂鬱症患者時，若患者出現過食徵兆，大部分都是由於攝取過多的碳水化合物。雖然尚未得知食品喜好與憂鬱症的關聯性，但是心情容易鬱悶的人還是建議控制攝取量會比較好，這裡我想推薦的是富含蛋白質的食物。

造成憂鬱症的原因之一是缺乏血清素（參照P．86），此物質會影響心理安定。這種神經傳遞物質是由一種稱為色胺酸的必須氨基酸合成的，因此若是攝取富含色胺酸的食品，可以維持血清素的數值，對於憂鬱症的預防和症狀改善也很值得期待。富含色胺酸有牛肉、猪肉等紅肉，以及肝、起司等的高蛋白食材。

## 攝取碳水化合物後的心情變化

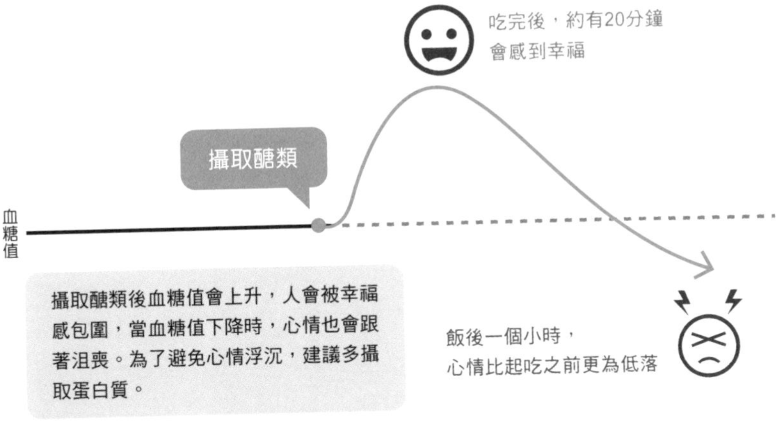
吃完後，約有20分鐘
會感到幸福
攝取醣類
血糖值
攝取醣類後血糖值會上升，人會被幸福感包圍，當血糖值下降時，心情也會跟著沮喪。為了避免心情浮沉，建議多攝取蛋白質。
飯後一個小時，
心情比起吃之前更為低落

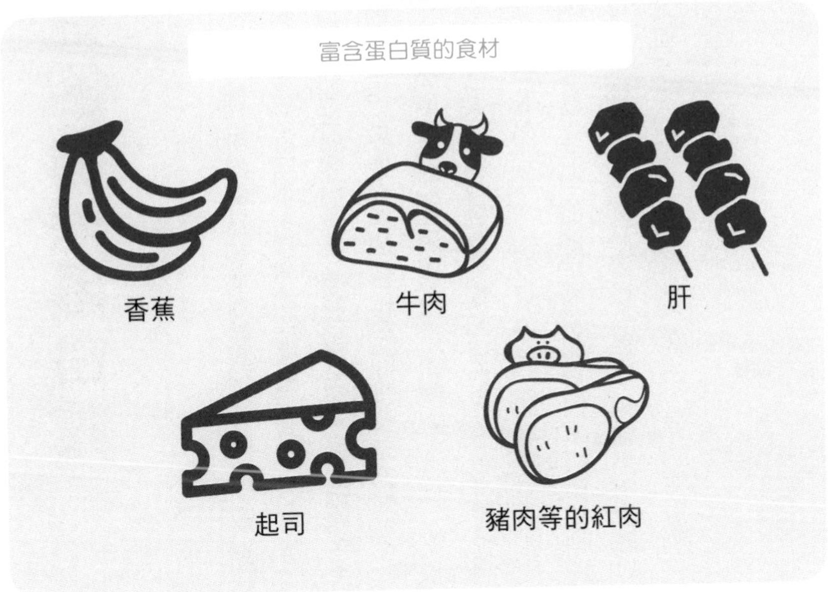
富含蛋白質的食材
香蕉
牛肉
肝
起司
豬肉等的紅肉

# 輕運動能減輕憂鬱症的發病風險

## 維持不造成身體和心靈負擔的運動量就足夠了

我們都知道平時有運動習慣的人罹患憂鬱症的風險很低，那些鬱悶或有憂鬱症的運動員身影確實較難以想像。到我診所就診的患者，也很少人能維持如同有運動習慣的人一樣體型，他們要不是太瘦，就是過胖。

根據憂鬱症運動療法的著名研究者詹姆斯·布魯門塔（James Blumenthal）表示：「接受了十六周運動療法的憂鬱症患者，和服用抗憂鬱藥的患者群有同等的治療效果」這顯示定期運動對於憂鬱症確實有一定的療效。

這裡所說的運動並非指真正的肌肉力量訓練和跑步等，而是工作和家務這類在忙碌的日常間隙中能做的簡單事務其實就足夠了。舉個例子，即使是像廣播體操這種誰都能做的輕運動，也能減輕憂鬱症的病發風險。

重點不是運動的強度和量的多寡，而是即使一天只花幾分鐘，也要每天或定期地維持，養成運動作為生活中的固定場景和習慣。如果能切實感受到活動身體的舒適感，自然也會形塑成難以積累壓力的精神狀態。

## 前來心理診所的患者特徵

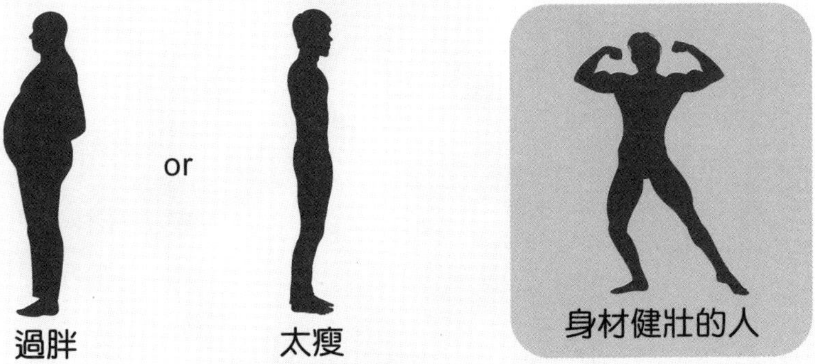


面臨壓力時會釋放一種稱為「腎上腺素」的荷爾蒙，
腎上腺素有提高幹勁、集中力和身體能力的作用。

## 養成不為心靈帶來負擔的輕運動習慣

不要反而產生了「不運動不行」這樣的新壓力。
即使是維持不會造成身體和心靈負擔的輕運動習慣，也能減輕憂鬱症的發病風險。

# 空氣拳擊對消除憤怒有很大的效果

## 亂發脾氣也不能消除壓力

大家在感到憤怒和焦躁的時候，會採取什麼樣的行動呢？聲色俱厲地發洩在他人或物品上，抑或是安靜地度過？究竟哪種方式才能減輕壓力呢？

美國心理學家布什曼（Bushman）進行了一個獨特的實驗，實驗中，將故意惹毛的學生分成兩組，一組讓他們使用大力錘遊戲機，另一組則不提供任何物品。結果，「比較這兩組會發現怒氣平息的方式沒有太多差別」，雖然一般都認為大力錘遊戲機可以幫助發洩憤怒，但據說也有人反而憤怒加倍。

從這裡可以看出，「即使發脾氣也不會讓壓力消失，甚至還會加劇」。如果想消除壓力的話，不需要特地去做些什麼，轉而去和身邊的人聊聊即可，雖只是與人談心的簡單舉動，卻可以充分整理思緒，讓壞心情飛散。更理想的是，反過來將壓力當成力量，可以幫助工作和生活向前推進。

而無論如何都無法平息憤怒的時候，試試體驗空氣拳擊（Shadow boxing）吧，一邊想像著假想敵、一邊反覆揮拳，能讓心情變得舒暢，也能同時消除運動不足的情況。

## 即使發洩在物品上也不能消除壓力

壓力
玩大力鎚遊戲機、
弄壞東西等亂發脾氣行為
更加怒火中燒
壓力
什麼都不做
隨著時間的推移
怒火能漸漸平息

破壞東西的行為只會新增壓力。
心情隨著時間的推移會變得舒暢，
不要亂發脾氣，再加上什麼都不做的話可以好好地應對壓力。

## 空氣拳擊能讓心情舒暢

**當煩躁到想揍什麼的時候，**
**推薦空氣拳擊。**
**在體驗爽快疲勞感的同時，**
**心情也會舒暢起來。**

懷着「想揍你」、
「踢飛你」的憤怒，
朝著空中揮拳！用力
飛踢！
想像正在與誰對打

能消除運動不足的情況，心情也會變好

# 不花錢就能消除壓力的「盛夏度假法」！

## 旅途中的刺激和開放感讓人心情舒暢

前來身心科治療的患者，我常建議他們去旅行，這麼做有助於憂鬱症等精神病症的改善。在日常生活中體會不到的刺激和開放感，可以說是旅行最迷人的樂趣了吧，這有助於紓緩心靈的重壓，使心神放鬆。

特別針對憂鬱症狀的緩解，我很推薦到陽光照射量充足的地方休息，例如，在白天光線明亮的沙灘上做日光浴，身心能夠重新振作，情緒也能恢復平靜。

話雖如此，現實生活除了工作還有家庭，很難隨心所欲地去旅行，因此，我想向大家介紹的是「盛夏度假法」，它能讓你在心中享受非日常的旅行，逃避嚴酷的現實。這是以德國精神科醫生舒爾茲（Johannes Heinrich Schultz）所提倡名為「自律神經訓練法」的放鬆呼吸法為基礎，加上我歸納整理而完成的。

詳細做法請見左頁的介紹，在有廣闊藍天和大海的度假勝地，從想像將身體託付給了海灘躺椅的自己開始。午休的辦公室、洗澡的時候、睡前的放鬆時間等等，只要是想像中的環境，在哪裡都可以執行，當覺得「心好累」、「壓力又累積上身了」之時，請記住心靈充分休養的重要性。

## 旅行能改善憂鬱症狀，十分推薦！

旅行可能多少會讓人感到有精神負擔，
但也有很多人因為接受不同的刺激和開放感而改善身心症狀。

特別推薦

**陽光熾熱的場域**

曬太陽對改善憂鬱很有效果，有鑑於此，特別推薦去海濱度假勝地旅行。

## 心靈的「盛夏度假」

若真正出發去旅行有困難的話，只要在心裡想像一下，就可以恢復精神。
搭電車時、洗澡時、睡覺前……等無論何時何地都可以。

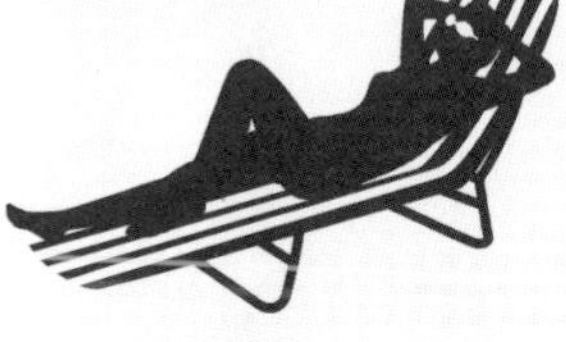

**盛夏度假法的想像步驟**

1 想像著藍色天空和清澈透明大海包圍的美麗沙灘，當陽光傾瀉而下的時候，躺在柔軟海灘椅上放鬆的自己。手腳均深深地放鬆垂在躺椅上（手腳感到沉沉的）。
2 太陽溫柔地照耀著自己（手腳暖呼呼的）。
3 讓輕音樂流淌著（心臟靜靜地跳動）。
4 身旁出現了一位令人心情愉悅的女性/男性，用大扇子靜靜地搧著風（輕鬆地呼吸）。
5 喝點熱雞尾酒（胃也暖呼呼的）。
6 在額頭上塗點乳液（額頭涼涼的）。
7 用乳液幫身體按摩（感到愉快喜悅，手腳再次感到沉沉的）。

# 笑容能提高幸福度

## 心花怒放是「讓大家幸福」的最好禮物

有的人總是臉色陰沉，動作舉止也總讓人感覺他心情不好，更遑論散發出來的消極感會傳染給四周的人，沉悶的氣氛始終在四周漂浮著，當身邊有這種類型的人存在，任誰都會敬而遠之的吧。

相反地，人會自然地接近時常微笑的人，開心也是會感染的。法國哲學家阿蘭（Alain）在他的名著《論幸福》中說：「給人的最大禮物就是令對方擁有好心情。」好比嬰兒微笑時，周圍的大人也會被吸引而露出笑容，於是小寶寶察覺到「啊，大家都笑了！」，就會笑得更開心，如此讓笑容和心情像連鎖反應一樣擴散的話，也會再回饋給你，形成幸福循環。想要幸福的話，首先要讓周圍的人幸福，這樣也會讓你經常維持好心情。

話雖如此，但一感受到壓力就很難露出笑容，這種時候，就先放鬆自己的嘴角吧，這或許會幫助你稍稍感到放鬆，但即使這麼做了還是無法轉換心情，就大笑到感到開心為止試試看吧，已有實驗證實「即使勉強自己笑，但只要持續1分鐘，心情也會變好」。想要抱怨些什麼之前，請先意識到露出笑容的好處。

## 哪怕只是嘴角上揚也要試著微笑

人只要保持笑容，心情就會變得輕鬆，所以感到緊張、不安、有壓力的時候，不管怎樣，先讓嘴角上揚吧。

## 一直笑到心情變得積極為止

在費爾里・狄金生大學的心理學家弗萊（E・Foley）進行的實驗中，只要讓受試者勉強笑1分鐘，1分鐘後任何人都會情緒高漲。

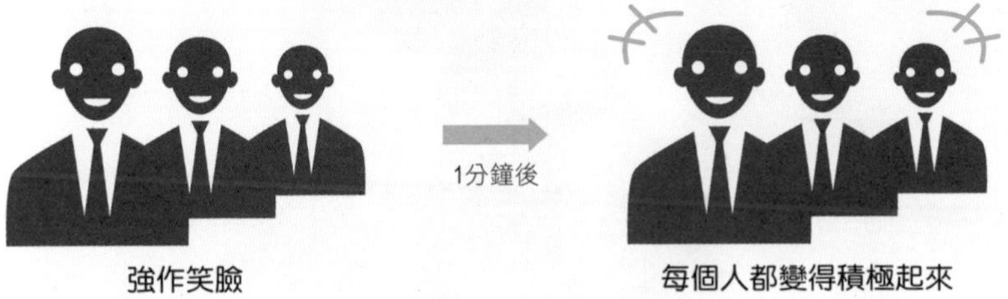


## 笑容也會傳染給周圍的人

開心地看著正在笑的人，看著看著也會幸福起來，相反地，看著心情不佳的人，自己也會被影響。

專欄

# 講壞話、誹謗中傷他人無法消除壓力

近幾年來，網絡上對特定個人進行誹謗中傷的發文已經演變成社會問題。

做出這種行為的人之中，也有人是因為自己壓力大而無意識謾罵他人，但是，在網絡上攻擊別人，也只會在那一瞬間能感到神清氣爽而已，根本無法真正消除壓力，沒多久就又會覺得很煩躁，同樣的事不斷循環，就像抽菸、喝酒一樣，在網絡上霸凌別人也會「上癮」。

另外，能隱藏真實姓名和長相的網路「匿名性」也助長了這些問題，正如研究結果所顯示的「匿名更助長了人的攻擊性」，身分不明讓人更恣意地寫下不負責任的內容。

無論如何，當發覺出現了上述徵兆，建議暫時與網路世界保持距離，如果不事先改變網路依存的狀況，自己也有可能在不知不覺中傷害他人，請務必注意。

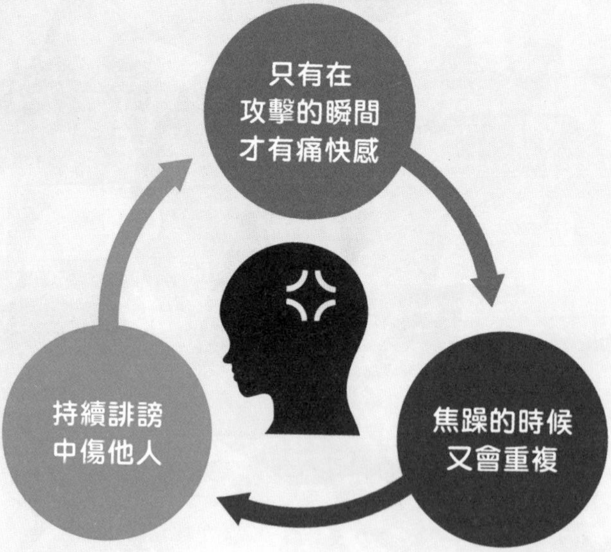


誹謗中傷的快感是短暫的，無法消除壓力。

# 第6章

# 不積存壓力的生活方式

# 「人生中最重要的事物」其實只占整體的2成

## 日常生活中約有八成都是雜事?!

在某大學的課堂上有這樣一幕光景，步上講台的教授將大石塊放入了大容器裏，當容器被岩石塞滿時，便問學生：「這樣算是裝滿了嗎？」有學生回答說：「滿了」此刻教授開始將小石頭放進去填補岩石間的縫隙，在那之後，又加了沙子和水，容器總算才裝滿。

這位教授想表達的是：「應該先將大石塊放進容器裡，這麼一來就不太有容納小石子和沙子的空間。」若將這個容器比作人生，那麼大石塊就是生活中「重要的事物」，小石子和沙子則是「微不足道的小事」，想實現的夢想、想完成的工作應該優先去實踐它，如果只在意蝸牛角上的小事，就會錯過成就大事的好機會。

在商務世界裡可以用「帕列托法則」（Pareto principle，也稱80／20法則）來解釋這樣的想法，即「在日常生活和工作中，約僅有20％的因素影響著80％的結果」，也就是說剩下的80％是雜事，若在這裡消耗心思表示你是個效率低落的人。

每天忙得不可開交，事情的優先順序也會變得含糊不明，正是因為有太多應該完成的事情而壓力山大的時候，是否該再次確認「對自己來說何者才是最重要的事」呢？

## 在容器裡先放進「大石塊」

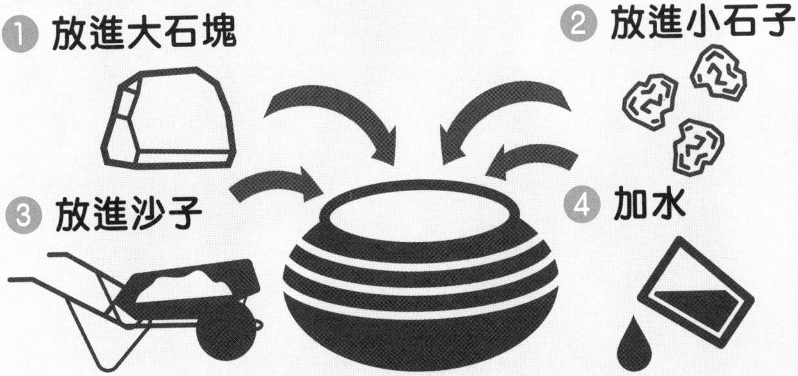
1 放進大石塊
2 放進小石子
3 放進沙子
4 加水

先放入大石塊的理由是，若優先放入小石子和沙子的話，就沒有大石塊的空間了。
如果不把工作、夢想、戀人等自己最珍惜的東西放在第一位的話，
也許會錯過良機……。

## 「帕列托法則」（80/20 法則）

「帕列托法則」（也稱80/20法則）是商務用語，此法則指出
在平時工作中最重要的只占20%，剩下的80%都是雜事。
即使完全不做80%的雜事，也能確保80%的利益。

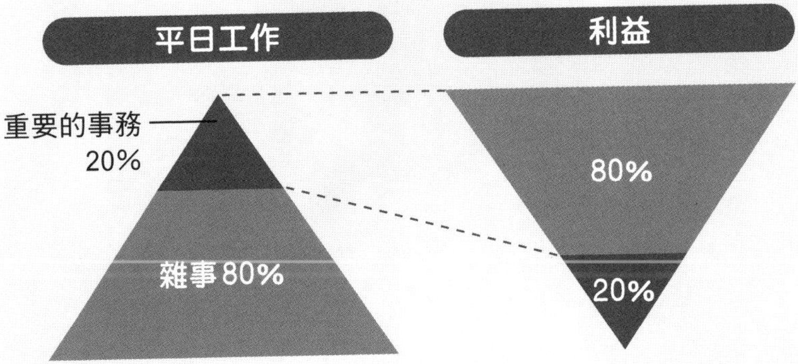
平日工作
利益
重要的事務
20%
雜事 80%
80%
20%

# 1天10秒！用正念來客觀看待自己

## 像看電影一樣觀察「此刻正在這裡的自己」

當消極情緒來臨時，嘗試一下「正念」療法吧。

所謂「正念」是指意識到「現在自己在做什麼」、「在感受什麼」，從而緩和內心痛苦的認知療法之一，當人覺察到自己的狀態時，能夠理解自我受困的意志和行動。

順帶一提，意識到自己的狀態叫做「留心」（Mindful），「正念」（Mindfulness）則是名詞；在不知不覺中時間一溜煙而過，這種忘我的狀態即是「欠缺正念」。

正念的做法非常簡單，「我在看電視」、「我現在很開心」等，只是把自己現在的行動和心情用語言表達出來而已，透過用語言進行實況轉播，可以更客觀地觀察自己。就像是電影院裡的觀眾一樣，從稍微遠一點的地方看著自己的感覺。這時最重要的是不要想去改變什麼，也沒有必要對看到的、感受到的東西進行批判或否定自己的想法，只要靜靜觀察。

不要煩惱「又失敗了，怎麼辦？」，而是冷靜地說出內心的話：「失敗了很不安」、「害怕被責備失敗」。如此一來，高漲的情緒就能被抑制，心情應該也會變得輕鬆一些。如果能將這樣的方法習慣化的話，就可以避免看不見出口的苦惱了。

## 「留心」與「欠缺正念」

### 「留心」(Mindful)

- Mindful的名詞形式是 Mindfulness
- 全心全意感受的結果是察覺到了自己的狀態
- 明確意識到此刻的狀態

### 「欠缺正念」(Mindless)

- Mindless的名詞形式是 Mindlessness
- 沒有注意到自己的行動和思考的狀態
- 在沒有意識到的期間，時間悄悄流逝的狀態

## 正念的實踐法

正念最重要的就是觀察自己。不考慮行動是否優劣，只需要用語言來進行實況轉播就可以了，並且一天只要10秒就會有十足的效果。

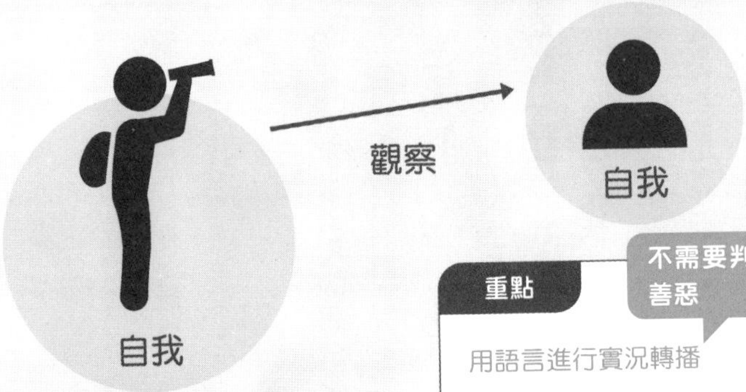


**1天10秒，每天也只須實行10秒就夠了**

**重點**

不需要判斷善惡

用語言進行實況轉播

- 現在正在吃飯
- 現在正在走路
- 感到很焦躁

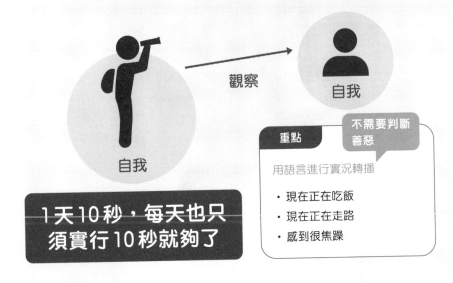

# 消極也可以！善用回避危機的能力

## 縮小消極思考，讓內心變得輕鬆

當出現了頹喪氣餒的言行時，「為什麼自己是這麼消極的人呢……」很多人都這麼苦惱著吧。

但是，人類原本就是會消極思考的生物。早在太古之前，人們過著狩獵生活的時代，嚴酷的自然環境以及需與野獸博鬥等等，生命危險經常受到威脅。在這種情況下，凡事總是能設想到最壞情況的人才能具備傑出的危機回避能力，生存的概率也會高出許多。也就是說，越是愛操心且膽小的人越是堅韌、生存能力也越好。

這樣的優越性從幾萬年前就被人類繼承了下來，留在我們的DNA裡。所以，請自信地說：「人類原本就是消極的」、「不必勉強自己裝作積極的樣子」。

話雖如此，當被消極的想法支配時很是痛苦，我想介紹給大家可以巧妙逃離的方法，最重要的是不要勉強甩掉浮現出來的消極思考。越是強烈地想要消除它，反而越容易被緊緊抓住。不如開始回想令人討厭的記憶和想忘卻的場面，試著縮小心中浮現的消極感，這麼做也能讓占據內心的消極想法的比例縮小，相應地，心情也會變得較為輕鬆。當造成心情鬱悶的思考和胡思亂想在腦海中揮之不去的時候，請一定要嘗試一下。

## 消極是人類與生俱有的本能

在原始時代倖存下來的人，總是能夠設想到最惡劣的情況。
將這種本能刻在 DNA 上的人類當然也會是消極的，沒有必要認為「消極肯定不對」。

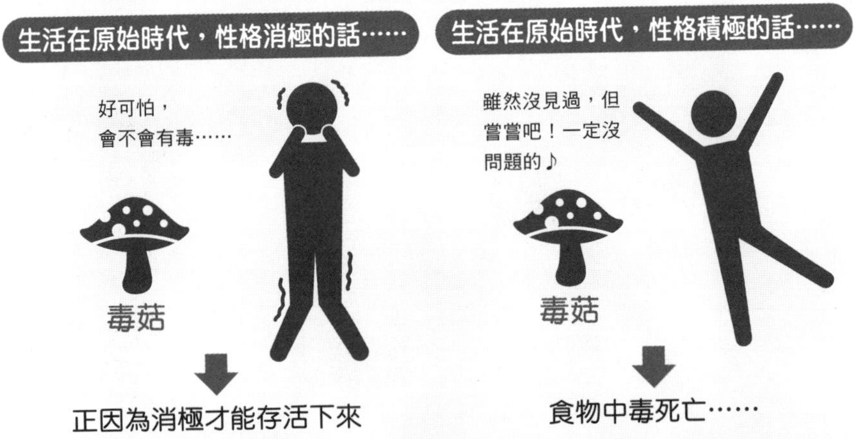
生活在原始時代，性格消極的話……
好可怕，
會不會有毒……
毒菇
正因為消極才能存活下來
生活在原始時代，性格積極的話……
雖然沒見過，但
嚐嚐吧！一定沒
問題的♪
毒菇
食物中毒死亡……

## 消極思考的縮小意識

不愉快的記憶
逐漸縮小

過去的失敗等令人討厭的記憶並不需要勉強刪除，
轉而將發生當下的影像漸漸縮小，心情也會變得輕鬆。

# 透過和他人比較來增強自信的心理術

## 與比自己差的人相較，恢復自信

從心理學角度來看，「人都會在無意識中拿自己和他人相較」，這種行為被稱為「社會比較理論」（Social comparison theory），這是指本能地確認「和周圍的人相比，自己哪裡不同」，是為了讓自己感到安心而有的反應。

並且，根據比較對象的不同再細分成「趨上型社會比較」和「趨下型社會比較」。所謂「趨上型比較」是指與更優秀的人比較，與此相對，「趨下型比較」則是與表現不如自己的人比較。

自信和奮發上進的人容易不知不覺地向上比較，因為他們會想接近理想中的目標對象而提升自我，但若和差異過大的人相較，會導致心情低落，故此劃分出憧憬和現實的界線是很重要的。

另一方面，若是缺乏自信和上進心的話，容易無意識地向下比較，只要看到表現不如自己的人就能感到釋懷。

像這樣的心理狀態其實可以應用於工作疲憊、面試等的緊張場合，看到精疲力竭的同事時，會覺得「自己其實還不錯」，心情也會變得輕鬆；當發現一同面試的人因為緊張而僵住，就會覺得「還好自己沒那麼失常」，緊繃的心情頓時能舒緩不少，這些有助於減輕壓力的心理技巧最好記住並時常應用。

# 比較分成兩種

## 趨上型社會比較

與更傑出的人比較

- 不斷與優秀者比較的人，常有努力提升自我的傾向。
- 然而，和出色的人比較的話，容易導致心情低落。

想成為像他那樣子的人！

## 趨下型社會比較

與能力更弱的人比較

- 平時總是與庸才進行比較的人，自信和上進心容易漸漸喪失，在無意間心情趨向安適。
- 失落時、在面試等緊張時刻，向下比較的話，心情會比較安定。

總還強過那個人吧……。

# 明確價值觀，戰勝壓力

## 隨身攜帶重要的三個價值觀

美國的史丹福大學進行了有關價值觀的實驗，實驗前，先將學生分成A、B兩組，讓A組寫日記記錄「當天發生的好事」，B組則讓他們思考何為最重要的價值觀，並請他們將「今天為了實現該價值觀而做了什麼事」記錄下來。

結果，B組與A組相比，身心均變得更為健康、抗壓性也大大提高了，從這個實驗結果可以看出，「用較剛烈的方式認識自我價值觀，能夠快樂且堅韌地生活」。

那麼，對你來說最重要的價值觀是什麼呢？為了瞭解自己是什麼樣的人，明確自我價值觀是很有意義的，可行的話就先設定3個，但若設定3個有困難，也建議至少先決定出1個。「溫柔」、「勇氣」、「信用」、「家人」、「夥伴」等，把自己最重要的東西寫在紙上，或者放在手機筆記本裡隨身攜帶吧，然後在心好累的時候、被不愉快事情煩心的時候拿出來思考。

運用這種重新認識作為自我核心價值的方式，就能幫助自己回到原點、解開迷惑，並成為接下來的行動指引，另外，進行以價值觀為主題的日記書寫實驗，也能重新認識並強化自我價值，成為構築更加堅強自我的基礎。

## 透過價值觀清單來認識自我價值

明確認識自我價值觀的話，便能塑造自我核心價值，有助於提升抗壓性並更率直地生活。
從下列的清單中選擇3個最重要的價值觀，
為了無時無刻都能留意，最好寫在紙上隨身攜帶。

| | | | | | |
|---|---|---|---|---|---|
| □ 夥伴 | □ 學習 | □ 家人 | □ 和平 | □ 幽默 | □ 智慧 |
| □ 好奇心 | □ 忍耐 | □ 期待 | □ 冒險 | □ 風度 | □ 金錢 |
| □ 戰鬥 | □ 運動 | □ 幸福 | □ 發現 | □ 成長 | □ 完美 |
| □ 倫理 | □ 年輕 | □ 健康 | □ 行動 | □ 動物 | □ 音樂 |
| □ 信仰 | □ 溫柔 | □ 名譽 | □ 創造 | □ 信用 | □ 美 |
| □ 友情 | □ 勇氣 | □ 喜悅 | □ 平等 | □ 堅毅 | □ 挑戰 |
| □ 感謝 | □ 熱情 | □ 愛 | □ 自由 | □ 意志 | □ 責任 |
| □ 誠實 | □ 優秀 | □ 自然 | □ 勤奮 | □ 自立 | □ 平衡 |

當心好累的時候確認一下，就能勇敢地繼續堅持下去

## 透過書寫日記深化對價值觀的認識

按照自我價值觀寫日記的話，便能對自我價值觀有更深層的認識，也能更開朗地過日子。

當價值觀是「感謝」、「家人」、「溫柔」的情況時

〇月〇日

雖然工作很忙，但是回家後還是能與家人融洽地相處。

我也向幫忙做家務的人表達了感謝之心。

# 逃避壓力是對的！

## 將反省運用到下一次行動上的「撤退戰略」很重要

如果你處在長期承受壓力的環境中，我建議你從那樣的局勢中「逃離」。逃避並不是「敗退」，主要是希望你能考慮暫時的「撤退」。

例如，在職場和學校中，充其量也就是數十到幾百人左右的聚集空間，若將全世界和生活在那裡的人數相比，你就會發現自己眼所及的空間有多麼地微不足道，在這樣狹小的社會中，比起受困於煩惱之事，更應該果斷地往外出走，將至今為止未曾見過的世界展現在眼前。逃避只是一種從非自我期望的情況中解脫出來之具備勇氣行動，因此，請一定要有逃跑的勇氣。

但是，不要只是單純「落跑」，A不行的話就去B，B也不行的話就去C，像這樣一直逃避的話，不久就會被「反正做什麼都無用」的無力感所支配。想逃避的時候一定要思考「在這裡學到了什麼」、「下次該怎麼辦」這兩個要點，如果能從反省中學習，並具備將其與未來行動聯繫起來的意識，你就擁有了所謂的「撤退戰略」。

就算只是暫時退居，也請一定要持續懷抱著「這樣下去是結束不了」的氣魄，如此一來，才能在合適你的舒適環境中，找到盡情發揮自己才能的地方。

## 逃避可恥但是有用！

一直無法從現在所處的局勢中逃離的人往往會被
「就只有這裡才是我的容身之地」的想法所束縛。
如果勇敢地逃出來的話，一定會發現外面的世界更寬廣，有很多容身之處。

## 推薦「撤退戰略」

欲逃避痛苦現狀時，重要的是不能只是「落跑」。
應該思考在這裡學到了什麼、接下來該怎麼做，
為了取得勝利，採取「撤退戰略」吧。

有合不來的上司，
好想辭職。

### ❶ 在這裡學到了什麼？

- 對持高壓態度的人感到壓力
- 常加班的話只會累積疲倦感

### ❷ 下次該怎麼做呢？

- 尋找氣氛溫馨的公司
- 以少加班作為條件來求職吧

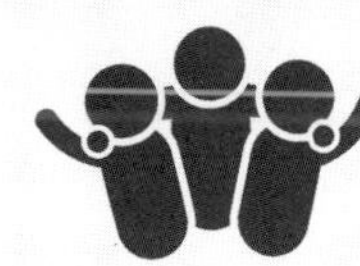

# 提高自我變革力，將壓力擋在門外

## 不要想改變對方，只要改變自己就好

當別人的言行讓你感到不舒服的時候，有人會提醒對方、趁機說教、或是糾正他的想法，這樣的行為本身並沒有錯，但是在很多情況下，這麼做只是徒勞無功，因為「人其實是很難改變的」。

被指責的一方通常會反駁說：「你以為你是誰啊？」而且說不定會更加遽對方讓人看不慣的行為，到頭來也只是徒增我們的壓力而已。

欲解決這樣的問題，就要把「自己的課題」和「對方的課題」分開。精神科醫師阿爾弗雷德・阿德勒提倡的「阿德勒心理學」中揭示了「課題分離」的想法，也就是說，「別人的課題是別人應該解決的，自己的課題才是自己該解決的」，阿德勒透過此一主張告訴我們，介入他人的課題會產生人際關係上的衝突。

想改變對方會造成他人壓力的「擾人性格」，說到底，這是屬於對方的課題，不會是我們的課題，好好地劃分界限，不要勉強介入。

又甚至更應該做的是「自我變革」，「儘量不要和別人有所牽扯」、「不要多管閒事」等，依循這樣的建議來改變自己的想法和行動吧，這樣會比改變對方容易得多，也不會因此浪費精力及時間。

## 會給別人添麻煩的人，其個性難以改變

不管對方有多會造成他人困擾，要解決這個問題都是屬於他自己的課題。
別人的性格無法改變，將他人與自己的事分開考慮吧。

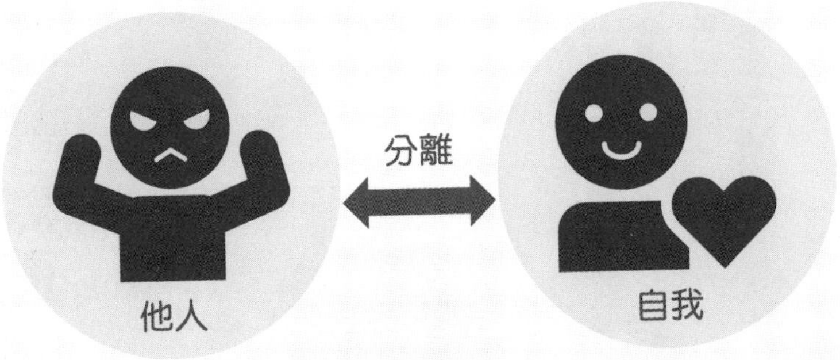


## 應該改變的是「自己」

遇到難相處的人時，應該改變的不是對方，而是自己。
為了擺脫不愉快的狀態，要把精力放在整理自己的情緒和改變自我上。

遇到難相處的人時，改變自我範例：

- 非必要的時候，不要靠近
- 即便聽到了感到不悅的話也別搭理
- 想反駁時最多只用一句話
- 不製造會被責備的漏洞

……等等

# 將負能量轉正的邏輯思考法

## 「WOOP思維法則」是解決不安和煩惱的方法

誰不想要「一直保持樂觀」呢？但是，生活並不總是那麼順遂，當不安情緒導致委靡不振時，占據頭腦的全是消極思考，也容易引發負面想像。

此時，不妨試試能將負能量導往正向的「WOOP法則」吧，WOOP是由Wish（願望）、Outcome（產生結果）、Obstacle（阻礙期望的主要原因）、Plan（障礙發生時的對策）這四個單字的首字母命名而成的邏輯思考法。

假設有一名社長面臨到「不知道公司能存續到什麼時候」而產生不安時，我們可以將這個煩惱以WOOP法則套用，「公司的存續」就是希望（Wish），由此帶來的結果（Outcome）就是「員工的安定生活」、「公司更加繁盛」等等。另外，會妨礙期望的主要原因（Obstacle）是「經營惡化」等因素，而面對障礙所提出的計畫（Plan）則是「經營陷入低谷時的對策」，例如，若事先著手開拓新客戶、投資新領域的話，緊急時刻也能冷靜地採取下一步措施，防範於未然。

除了工作以外，金錢、健康等與生活及將來有關之事，也可以運用「WOOP法則」找到解決之道，請務必要好好善用。

# 以正向觀點看待消極思考的「WOOP法則」

## WOOP由4個單字的首字母組成

- Wish＝願望
- Outcome＝產生結果
- Obstacle＝阻礙期望的主要原因
- Plan＝障礙發生時的對策

↓

## ＜例＞ 認為「可能無法通過資格考試」的人

- Wish：想通過資格考試
- Outcome：通過資格考試可以跳槽
- Obstacle：資格考試不合格
- Plan：有計劃地努力學習，每天花2小時讀書

→ 藉由採取對策來緩和「可能不合格」的焦躁

‖

**引導負能量**
**往積極的方向前進**

# 將人生比作遊戲，創造無敵的內心世界

## 為了過關而努力解決課題

當想要踏出實現夢想和目標那一步的時候，總會產生「果然還是不行啊……」、「應該往這條路前進嗎？」等負面思考，當你這麼想的時候，若將通向終點的過程比作遊戲，用與平時不同的視點來驗證一下怎麼樣呢？

沒有人會在第一次玩遊戲的時候就不斷轉身問：「我這樣算玩得好嗎？」、「玩遊戲有什麼意義啊？」……等等的問題，通常都是一心一意地盡情挑戰，希望能順利過關，即使中途犯了錯，也沒有人會因此覺得「自己好糟」而陷入深深的失落中吧，一般都會恍然大悟想著「原來如此，這裡是要這樣出招的吧」，然後繼續挑戰。

「當面對想做的事情時，不需想太多，從能力可及的範圍開始輕鬆地實行」就對了，此外，「不順利的時候不要悲觀，再反覆重來就好」。像這樣將遊戲和現實世界重疊起來看的話，就會萌生「什麼嘛，就是這麼一回事而已」的想法，放鬆肩膀，以輕鬆的心情開始行動吧。

即使是得拚盡全力才能完成的遠大目標，也要懷著玩遊戲時的心情，努力解決眼前的課題就可以了。這麼做的話，即使是瑣碎的工作（任務）也能萌發幹勁，感到輕鬆的同時，也會產生能不斷向前邁進的高昂意識。

## 即便有巨大障壁橫在眼前，也能以「遊戲」的心情跨越

面對困難的時候，將難關「當作遊戲來考慮」是很重要的。即使失敗了，只要重新開始就可以了。即使前方橫跨著巨大障礙，如果將其當作是「今天就好好處理這個危機吧」，反覆完成任務的話，一定能達成目標。

可能進展會
不順利……
今天就先做
這些吧
失敗了再重新
來過就好了

害怕失敗而無法行動的狀態

即便失敗了也不是絕對無法挽回，所以用玩遊戲的心情不斷地挑戰吧！

## 無論做什麼事都要試著登上挑戰的舞臺

「想做」的事情不論會有什麼結果，都試著嘗試吧，就像是打線上遊戲，如果第一階段不過關的話，是無法進入下個階段的。只要踏上第一階段，就能通往下一個舞臺。

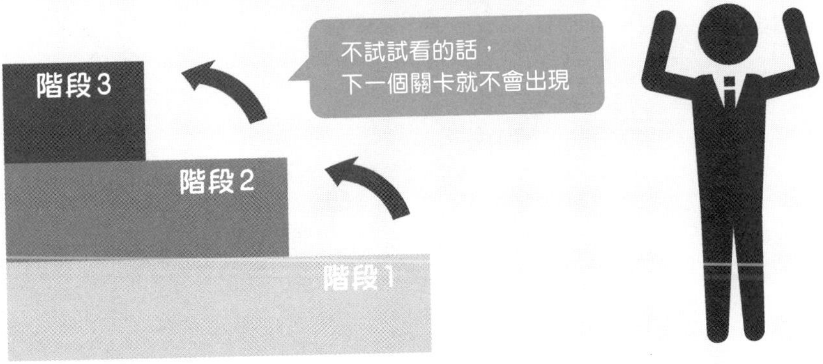
不試試看的話，
下一個關卡就不會出現
階段3
階段2
階段1

# 以去看牙醫的心情進行心理諮詢

## 根據「治療方針」及「與醫生的緣分」來選擇

說到身心科診所，有很多人會誤解那是患有重度精神病的人才需要去診治的地方，然而，實際上也會有輕度憂鬱症和傾訴心理不適的人前來看診，若是你的心情一直無法穩定，請帶著「就算只是聽我說說話也好」的心情，無拘束地到診所掛個號吧。

許多人應該都會定期接受牙醫檢查吧，除了預防蛀牙和牙周病，也有在初期階段就防止症狀繼續惡化的目的。心理疾病也是一樣，在症狀加重之前，選擇治療的選項其實很多，治療期也不見得必定要花很長時間。

話雖如此，第一次想看診的人可能會困惑於「要怎麼選擇診所才好」，這裡我想介紹選擇診所的三個要點：第一個是先判斷較重視諮詢、或以藥物治療為主……等確認各醫院不同的治療方針後，選擇合適自己期望的診所；第二個是比起其他身體診療的科別，你能和醫生培養更深的信賴關係，所以「彼此投緣」是很重要的，如果受診後覺得「不合適」，再換別家醫院就診也無所謂；第三個是關於網路評論，網路上常有各式各樣的意見，但評論和評價只能作為參考。最後，如果該醫療機構特別設有精神科和身心科這兩者的話，就更令人安心。

## 心理診療就像是「看牙醫」的感覺

因認知到在演變成嚴重蛀牙之後才開始治療的話，一直到痊癒為止需要花費許多時間和精力，所以定期去看牙醫的人應該很多。同理，也建議大家儘早接受身心科診治，在症狀加重之前，治療的選項更多，治療期無需太長的可能性是很高的。2019年厚生勞動省發表的「平成29年患者調查報告」（2017），關於「主要的傷病患者數」統計，包括躁鬱症在內的情緒障礙患者數為127萬6千人，這與氣喘約111萬人、骨折約67萬人相比，憂鬱症患者明顯並非少數。

## 選擇診所需要確認3個要點

### ❶ 治療方針

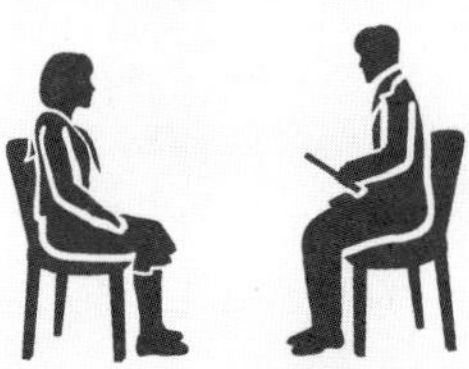

有重視傾聽和諮詢的診所、也有以藥物治療為主軸的診所等各式各樣的訴求，需事先確認是否符合自己的要求。

### ❷ 和醫生投緣與否

身心科診所是個會和醫生建立較多互動關係的場域，看診後如果覺得不合適的話可以轉院。

### ❸ 不要在意評論

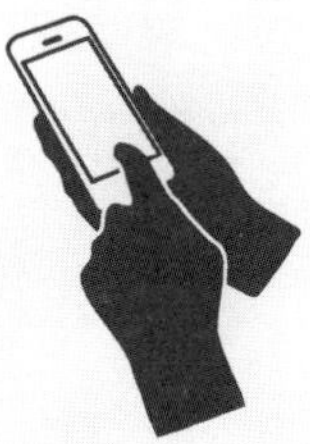

在各種評論網站上，身心科診所通常整體的評價都很低。不要太在意評論和評價，當作參考就好。

# 結語

讀了這本書後，我想大家都理解「壓力並非什麼萬惡之事」了吧！

壓力對身體不好的想法實在過於普遍，「沒有壓力＝幸福」這個公式至今仍舊根深蒂固，各位讀者在閱讀這本書之前，應該也有很多人是這麼想的吧。

近年來，根據很多研究和調查的結果，讓我們明確得知「壓力對身體有害無益實為一大誤解」，實際上，「視壓力為好夥伴的人反而更能歌頌人生，並且更為長壽」，這樣的想法也已廣為人知。

在世界一百二十一個國家中，以一千萬人以上為對象進行的調查甚至發現「每天都需面對壓力的人壽命更長，幸福度也越高」。

也就是說，擁抱壓力且積極向前看的人才是最幸福的。每個人都有自己的生存價值，也有自己的目標和夢想，你平時所感受到的壓力，也許就是鞭策你行動的力量之源和產生熱情的基石。

我衷心希望大家拋棄「壓力＝敵人」的先入為主觀念，有效利用它作為調劑人生的良藥。

當然，壓力來臨時，如果會產生「實際傷害」的話，那肯定需要提防避免，反之，若能將不伴隨實際危害的壓力視為心靈正能量並有效運用，對人生肯定是大有裨益的。

不要只是想要排除壓力，好好利用才是明智的選擇，將壓力當成自我成長的夥伴，才是最好的應對方法。

然而，儘管這麼嘗試了之後，內心還是時常悲鳴不已的話，此時，我們精神科醫生會全力支持你的。

精神科醫師
YUUKI YUU

【参考書籍】
『マンガで分かる心療内科 ストレスコントロール編』(原作 ゆうきゆう、作画 ソウ・少年画報社)
『ちょっとやそっとじゃ「凹まない」技術』(著者 ゆうきゆう・三笠書房)
『マンガ 敏感すぎて、「毎日がしんどい」を解決する5つのメンタル術』(漫画原案 ゆうきゆう、作画 涼原ミハル・主婦と生活社)
『ストレスは身体に悪い」と考えるのが間違い! 〜心療内科医が明かす仕事で病む人病まない人〜』(著者 ゆうきゆう・インプレス)
『「いいね!」の魔力 認められたい心理のヒミツ』(著者 ゆうきゆう・海竜社)
『やられっぱなしで終わらせない! ことばのゲリラ反撃術』(著者 ゆうきゆう・すばる舎)
『もうひと押しができない! やさしすぎる人のための心理術:「言いたいこと」が上手に伝わる』(著者 ゆうきゆう・三笠書房)
『逃げ出す勇気 自分で自分を傷つけてしまう前に』(著者 ゆうきゆう・KADOKAWA)
『ちょっとだけ・こっそり・素早く「言い返す」技術』(著者 ゆうきゆう・三笠書房)

日文版STAFF
編輯　今井綾子、矢部鈴香(officeaby)
編輯協力　佐佐木彩夏、高埜nagomi、兒玉光彥
裝禎/設計　成富英俊、中多由香、益子航平、宮島薰(I'll products)
封面繪圖　大下哲郎
校對　玄冬書林

國家圖書館出版品預行編目資料

壓力歸零法:立即見效!精神科醫師為你完整解說壓力,秒懂如何化解壓力並擁抱壓力! / YUUKI YUU 監修;Kuri 譯 .-- 初版 . -- 臺中市:晨星 , 2022.02
面;　公分 . --(勁草生活 ; 492)

譯自:眠れなくなるほど面白い 図解 ストレスの話

ISBN 978-626-320-047-0(平裝)

1. 壓力　2. 抗壓　3. 生活指導

176.54　　110020637

勁草生活 492

# 壓力歸零法

立即見效!精神科醫師為你完整解說壓力,秒懂如何化解壓力並擁抱壓力!

**眠れなくなるほど面白い 図解 ストレスの話**

**監修**　YUUKI YUU
**譯者**　Kuri
**責任編輯**　王韻絜
**校對**　王韻絜
**封面設計**　戴佳琪
**內頁排版**　黃偵瑜

**創辦人**　陳銘民
**發行所**　晨星出版有限公司
407 台中市西屯區工業 30 路 1 號 1 樓
TEL:(04)23595820
FAX:(04)23550581
http://star.morningstar.com.tw
行政院新聞局局版台業字第 2500 號
**法律顧問**　陳思成律師
**出版日期**　西元 2022 年 02 月 15 日　初版 1 刷

歡迎掃描 QR CODE
填線上回函

**讀者服務專線**　TEL:(02)23672044 /(04)23595819#212
**讀者傳真專線**　FAX:(02)23635741 /(04)23595493
**讀者專用信箱**　service @morningstar.com.tw
**網路書店**　http://www.morningstar.com.tw
**郵政劃撥**　15060393(知己圖書股份有限公司)

**印刷**　上好印刷股份有限公司

**定價** 350 **元**
ISBN 978-626-320-047-0